ABC

Das große Grundschul-Bastelbuch

Der praktische Ratgeber zur Förderung der kreativen, motorischen und künstlerischen Fähigkeiten von Kindern

MALEN • SCHNEIDEN • FALTEN • KLEBEN • MODELLIEREN • SÄGEN

DRUCKEN • KNÜPFEN • WEBEN • STICKEN • HÄKELN • ZEICHNEN

INHALTSVERZEICHNIS

Malen und Zeichnen ... 6
Bäume in Stupftechnik ... 8
Mit den Fingern gemalte Rosen ... 10
Blumenwiese mit Regenbogen ... 12
Malen wie Paul Klee ... 14
Süße Vierbeiner ... 18
Aufräumkisten ... 20
Malen im Quadrat ... 22
Höhlenbilder auf Leinwand ... 24

Schneiden, Kleben, Falten und Collage ... 28
Collagen aus Blättern ... 30
Obst- und Gemüsecollagen ... 34
Falttiere „Am Teich" ... 36
Aquariumscollage ... 40
Zaubervogel in Frottagetechnik ... 42
Schnipselbilder ... 46
Futterplätze für Vögel ... 48
Vase im Spaltschnitt ... 52

Drucken ... 56
Buchstabendruck mit Moosgummi ... 58
Robinsons Briefe im Hölzchendruck ... 60
Herbstfrüchte im Kartoffeldruck ... 62
Kätzchen im Hölzchendruck ... 64
Besprenkeltes Geschenkpapier ... 66
Roboter im Schwammdruck ... 68
Tierisches und Ulkiges im Klappdruck ... 70

Plastisches Gestalten ... 72
Müllmonster ... 74
Masken aus Papptellern ... 78
Hase und Igel modellieren ... 82
Schmetterlings-Blumenstecker ... 84
Theaterpuppen aus Pappmaché ... 86
Kürbisfiguren ... 90
Tütenfiguren ... 92
Blumenherzen modellieren ... 96

INHALTSVERZEICHNIS

V orlagen/Schablonen 154

S chulen für Guatemala 158

T extiles Gestalten 98
    Bälle filzen 100
Fadenbilder aus Wolle 102
Pompontiere 106
Täschchen filzen 108
Maskottchen häkeln 112
Weben im Rechteck und Quadrat 116
Strumpfkrokodile basteln 118
Rundweben mit Luftmaschenketten 120
Freundschaftsbänder knüpfen 122
Perlenarmbänder weben 124
Portraits sticken 128

I mpressum 160

W erken mit Holz 132
    Kugelfiguren-Marionetten 134
Fadenspannbilder 138
Pferdchen als Kerzenhalter 142
Uhren basteln 144
Kletterbilder aus Holz 148
Ritterburg aus Korken 150
Brandmalerei-Bilder 152

3

VORWORT

Für die geistige und körperliche Entwicklung von Kindern hat Spielen und Basteln einen sehr hohen Stellenwert. Das Erfassen der Welt und der Umwelt, die manuellen Fähigkeiten und Fertigkeiten haben für die geistige Entwicklung eine außerordentlich hohe Bedeutung.

Die Neurophysiologie hat nachgewiesen, dass das Arbeiten mit der Hand eine unabdingbare Voraussetzung für nachhaltiges Lernen ist. Wir nehmen mit der Hand die Welt wahr, wir erkennen mit ihr die Materialeigenschaften, wir fühlen mit ihr und geben mit ihr unseren Emotionen Ausdruck. Die menschlichen Hände stehen in sehr enger Beziehung zum Gesichtssinn. Es genügt oft schon ein Blick mit dem Auge, um Erfahrungsqualitäten des Tastsinns wie rau oder weich zu erkennen, zu erinnern und daraufhin zu handeln. Alle Bewegungen sind letztlich seh- und tastempfindlich. Das ist für die Selbstempfindung von erheblicher Bedeutung. Dadurch kann eine „innere Welt", und Phantasie ausgebildet werden.

Alles was der Mensch mit dem Auge zusammen mit seinen Tastempfindungen wahrgenommen hat, führt zu einer Vorstellung von Welt, von Wirklichkeit, die verinnerlicht wird und in der Vorstellung abrufbar bleibt. Dies alles muss aber aktiv geübt werden. Besonders die Hand- und Fingerfertigkeit tritt in unserer Gesellschaft mehr und mehr in den Hintergrund – andere eher passiv angelegte Beschäftigungen bestimmen zunehmend Freizeit und Spiel unserer Kinder. Je früher die Motorik der Hand trainiert wird, desto

besser ist dies für die Ausdifferenzierung des Gehirns und die Funktionsfähigkeit der Hände. Alle Bewegungsmuster werden durch Üben auf unserer Gehirnrinde eingeprägt, sie bleiben in Erinnerung und können immer wieder abgerufen werden. Handbewegungen bahnen im Gehirn Verbindungen an, die später wichtig werden im reflektierten Handeln.

Die Bearbeitung von Materialien, an denen man Eigenschaften erkennen, erfahren und diese anwenden kann, dient einerseits der ästhetischen Bildung, andererseits setzt sie ästhetische Prozesse in Gang, die gleichzeitig kulturstiftend sind und die geistige Entwicklung fördern. Auch in der derzeitigen Bildungsdiskussion geraten diese Aspekte wieder verstärkt in den Fokus des Interesses bei Bildungspolitikern und Pädagogen. Ästhetische Bildung meint dabei alle Prozesse, die dazu beitragen, Kunst und Kultur mit ausdifferenzierten Wahrnehmungsformen erleben zu können, zu Spiel und Geselligkeit zu befähigen sowie Ausdrucksformen und Handlungsperspektiven zu erschließen. Die Techniken können dabei so vielfältig sein, wie die kreativen Projekte es erfordern und zulassen.

Das vorliegende Buch kommt diesen Intentionen beispielhaft entgegen. Mit vielfältigen Materialien und Techniken werden die Kinder angeregt, sich die Welt im konkreten Handeln anzueignen, zu verstehen und zu beurteilen.

Prof. Dr. Waltraud Rusch
Pädagogische Hochschule Karlsruhe
Textilgestaltung und ihre Didaktik
Bundesvorsitzende des Fachverbandes für Textilunterricht e.V.

Malen und Zeichnen

6

Die ältesten überlieferten Kunstwerke sind Höhlenbilder. Vor über 17.000 Jahren malten Steinzeitmenschen Tiere und Jagdszenen an die Höhlenwände, wahrscheinlich als Zauberritual. Mit etwas Farbe, Sand und einem Keilrahmen kannst du solche Höhlenbilder auch für dein Zuhause anfertigen!

Oder du malst wie der expressionistische Künstler Paul Klee, der geheimnisvolle Zeichen auf farbenfrohe Hintergründe setzte. Auch mit einer anderen einfachen Technik erzielst du eine tolle Wirkung: Wenn du eine Fläche nicht eben ausmalst, sondern die Farbe mit einem Pinsel aufstupfst, wirkt dein Bild lebendiger. Das Laub eines Baumes, eine Wiese und der Himmel lassen sich so viel plastischer darstellen.

Und wenn du einmal Lust auf Malen hast, aber gerade nicht weißt, was und wie, ist ein Quadratologo®-Rahmen ideal. Der Keilrahmen ist in viele kleine Kästchen unterteilt, die du mit drei – ganz nach Belieben reinen oder gemischten Farben – ausmalst. Das Ergebnis ist farbenfroh-leuchtend und absolut einmalig!

MALEN UND ZEICHNEN

Bäume in Stupftechnik

Wer bin ich?
Im Frühling ziehen meine Blüten emsige Bienen an, im Sommer spende ich dir Schatten, im Herbst leuchte ich in knalligem Rot, Orange und Gelb und im Winter rage ich kahl aus der Schneedecke empor.

(Laubbaum)

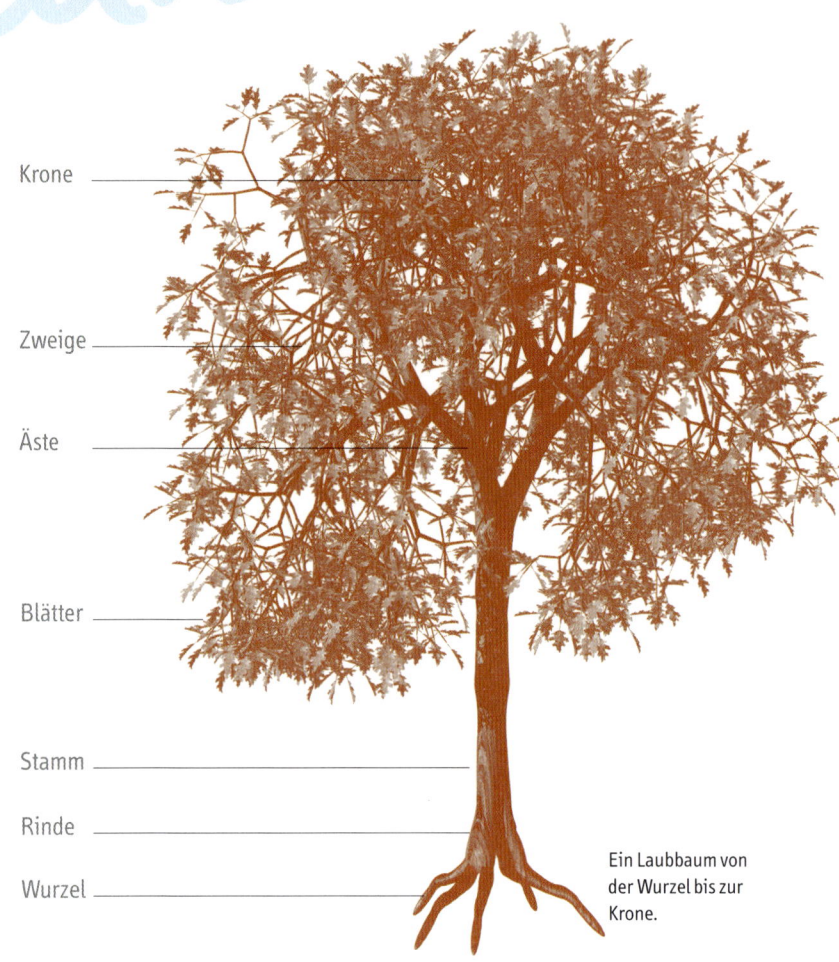

Krone
Zweige
Äste
Blätter
Stamm
Rinde
Wurzel

Ein Laubbaum von der Wurzel bis zur Krone.

Erkennst du es?

Laubblätter sind groß und haben ganz markante Formen. Weißt du, von welchen Bäumen die gezeigten Blätter stammen?

(Kastanie) (Ahorn) (Rotbuche) (Birke) (Eiche)

ZIELGRUPPE
3. und 4. Klasse

LERNZIELE
- Malen in der Stupftechnik
- Mischen verschiedener Grün- und Blautöne
- einfache Raumdarstellung
- Umgehen mit Überschneidungen
- Darstellen der Jahreszeiten anhand von Obstbäumen

Das brauchst du

- Wasser- oder Plakafarbe
- Papier in Weiß, mindestens A3
- Pinsel, Becher mit Wasser, Mallappen
- altes Hemd o. Ä., Zeitung als Unterlage

So wird's gemacht

1 Überlege dir vor dem Malen, wie du das Bild aufteilen möchtest: Wie verläuft die Rasenfläche, wo steht der Baum, sind Wölkchen am Himmel usw. Du kannst dir zur Orientierung einige Linien mit einem dünnen Bleistiftstrich vorzeichnen.

2 Beginne beim Malen mit dem Baum. Tupfe die Farbe mit dem Pinsel auf das Papier, das wirkt plastischer als wenn du die Flächen einfach nur ausmalst. Tolle Effekte erzielst du auch, wenn du die Flächen nicht nur in einer Farbe ausmalst, sondern beim grünen Rasen auch helleres und dunkleres Grün und Gelb verwendest. Ins Blau gibst du Weiß.

STUPFTECHNIK

TIPP

Das Blühen eines Baumes im Laufe eines Jahres kannst du am besten beobachten, wenn du dir einen Baum in deinem Garten, auf dem Schulweg oder beim Waldspaziergang aussuchst und ihn öfter wieder besuchst. Male ihn immer wieder, so erhältst du eine schöne Jahreszeitengalerie!

Probier auch mal die Frottagetechnik mit Blättern aus, die du beim Zaubervogel ab Seite 42 siehst: Sammle ganz verschiedene Blätter in der Natur und lege sie unter weißes Papier. Rubble mit einem Buntstift oder Pastellkreide darüber, so erhältst du Abdrucke der Blätter. Male dann auf einem großen Blatt Papier oder einem Tapetenrest einen langen Stamm mit Ästen. Oder du legst auch hier Holzleisten darunter und rubbelst die Maserung durch. Klebe deine ausgeschnittenen Blätter an die Äste. Wetten, dass du so einen Baum nirgends auf der Welt außer in deinem Zimmer finden wirst?

MALEN UND ZEICHNEN

Mit den Fingern gemalte Rosen

Kennst du die Geschichte vom Dornröschen? Die schöne Prinzessin stach sich beim Spinnen in den Finger und fiel in einen tiefen Schlaf, weil eine böse Fee sie verwünscht hatte. Mit ihr schliefen alle Menschen im Schloss ein. Nichts rührte sich im Inneren. Außen aber, an den hellen Mauern des Schlosses, begannen prachtvolle Rosen zu wachsen. Sie bildeten mit der Zeit eine dichte Rosenhecke um das Gebäude, das kaum mehr darunter zu entdecken war. Ihr Duft durchströmte jeden, der sich ihr näherte. Die Hecke war so fest, dass es erst einem jungen Prinzen mit seinem Zauberschwert gelang, die Rosenhecke Stück für Stück zu entwirren und die schöne Prinzessin mit ihrem Gefolge im Schloss zu befreien und wieder aufzuwecken.

Aufgrund ihres Duftes und ihrer Schönheit sind Rosen schon lange ein beliebtes und häufiges Motiv in der Malerei. Maler wie Pierre-Auguste Renoir versuchten als erste, die Rosen nicht mehr Blatt für Blatt abzumalen, sondern den Eindruck tanzenden Lichts auf den Rosen durch „Primamalerei" einzufangen. Primamalerei bedeutet, dass die Farben nicht mehr auf der Palette, sondern häufig direkt auf dem Bild gemischt wurden. Diese Kunstwerke wirken sehr lebendig, als ob man die Blumen anfassen könnte.

Bei den alten Römern waren Rosen um die Trinkbecher gewunden. Die Römer glaubten, dass diese Blumen den Trinker davor schützen, Geheimnisse auszuplaudern. Der lateinische Ausspruch „sub rosa" bedeutet „im Vertrauen sagen". Rote Rosen sind bis heute ein Symbol für die Liebe und werden gern unter Verliebten oder zur Hochzeit verschenkt.

Wunderschön schimmernde Rosen sind gut zu malen, wenn du einen Trick anwendest: Benutze statt eines Pinsel alle Finger deiner Hand, tauche sie in Farbe und bewege sie in kreisenden Schwüngen über das Papier.

ZIELGRUPPE
1. und 2. Klasse

LERNZIELE
- ◆ Freies, gestisches Arbeiten aus dem ganzen Arm
- ◆ Förderung von Hautsinn und Tiefensensibilität
- ◆ Malerische Deutung von Zufallsergebnissen
- ◆ Frische und Unmittelbarkeit im Ausdruck
- ◆ Hand wird zum Pinsel: Verbindung von Zeichnen mit Malen
- ◆ Aufhellen von Farben, Herstellen von Farbverläufen, Pastelltöne direkt auf dem Papier mischen

Das brauchst du

- Temperafarbe
- festes großes Papier, ca. 170 g/m²
- Pinsel (für Blattgrün), Becher mit Wasser, Mallappen
- Mischpalette oder Pappteller
- Anstreichpinsel und Kleister
- altes Hemd o. Ä., Zeitung als Unterlage

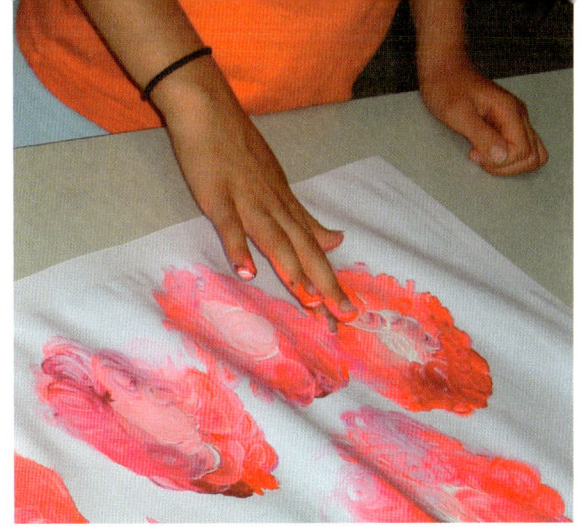

FINGERMALEN

So wird's gemacht

1 Deine Hand rutscht besser über das Papier, wenn du es vorher mit einem dicken Anstreichpinsel mit Kleister grundierst und auf der feuchten Kleisterschicht malst.

2 Gib etwas Rot und Pink sowie viel Weiß auf einen Pappteller. Tauche alle Finger einer Hand in die Farben und verrühre sie ganz leicht miteinander.

3 Setze die Finger auf das Papier und zeichne stehend die Rosen in kreisförmigen Bewegungen direkt aus dem Arm heraus auf. Setze kleine Rosen neben größere. Du kannst die Rosen zufällig anordnen, sie wie einen gebunden Strauß oder ein ganzes Blumenfeld gestalten. Lass zwischen den Blumen etwas Platz für das Blattgrün.

4 Wenn die Farbe an den Fingern eingetrocknet ist, tauche die Finger erneut in Farbe. Nimm immer ein bisschen andere Farben oder verändere die Menge von Weiß und Rottönen, so dass sich unterschiedliche Rosa- und Rottöne ergeben.

5 Wasche deine Hände. Tauche einen Pinsel in grüne oder in blaue und gelbe Farbe und ergänze das Blattgrün. Lass das Bild in Ruhe trocknen.

TIPP
Wenn du willst, kannst du anschließend die Rosen auch ausschneiden und auf einem weißen oder farbigen Blatt neu anordnen. Oder du malst mit Pinsel und Farbe noch ein Märchenschloss dazu.

MALEN UND ZEICHNEN

Blumenwiese mit Regenbogen

Was für ein schöner Tag: Es ist warm, die Sonne strahlt. Plötzlich beginnt es zu regnen. Wenn du Glück hast, kannst du nun eines der schönsten Naturschauspiele am Himmel sehen: einen Regenbogen. Weißt du eigentlich, wie ein Regenbogen entsteht?

Das weiße Licht der Sonne ist im Grunde nicht weiß, es erscheint uns nur so. In Wirklichkeit sind sechs Farben darin enthalten. Diese breiten sich in der Luft gleichmäßig zusammen in alle Richtungen aus. Trifft nun aber das Sonnenlicht auf Regentropfen, können sich die Strahlen nicht mehr zusammen ausbreiten. Beim Übergang von der Luft in den Regentropfen verändert jede Farbe ein wenig ihre Geschwindigkeit und dadurch ihre Richtung. Das nennt man „das Licht wird gebrochen". Nun werden die Farben sichtbar, aus denen das Licht besteht, und zwar immer in der gleichen Reihenfolge: Rot, Orange, Gelb, Grün, Blau und Violett.

Und wie kommt der Regenbogen an den Himmel? Das passiert, weil das Licht nicht durch den Regentropfen scheint, sondern an seiner Rückwand wieder nach vorne zurückgeworfen wird, wie bei einem Spiegel. Das nennt man übrigens „es wird reflektiert". Du siehst also am Himmel das Bild des Regenbogens.

Ein fazinierendes Naturschauspiel:
Ein Regenbogen leuchtet am Himmel.

Manchmal gibt es keinen Regenbogen. Das hat mit der Brechung des Lichtes zu tun. So nennt man den Winkel, in dem das Licht in den Regentropfen fällt. Steht die Sonne ganz tief, siehst du einen hohen Regenbogen. Steht sie recht hoch, siehst du nur einen flachen Regenbogen. Und wenn die Sonne ganz hoch steht, so wie zur Mittagszeit im Hochsommer, kannst du das reflektierte Bild gar nicht mehr sehen.

ZIELGRUPPE
ab 2. Klasse

LERNZIELE
- Farbfolge eines Regenbogens darstellen
- Gestalten einer Bogenform, die über den Blattrand hinaus reichen kann
- Erfinden von Blütenformen und Variieren nach Form, Farbe und Größe

Das brauchst du

- Deck- oder Plakafarbe
- Papier
- Pinsel, Becher mit Wasser, Mallappen
- altes Hemd o. Ä., Zeitung als Unterlage

So wird's gemacht

1 Überlege dir, wie du dein Bild aufteilen möchtest: Wie gestaltest du die Landschaft, ist dein Regenbogen flach oder steil, welche Farbe hat der Himmel, wenn ein Regenbogen entsteht usw. Schaue dir die Pflanzen voher genau an und stelle sie zum naturgetreuen Zeichnen in Gläsern vor dich hin. Oder überlege dir eigene Blumen. Wichtige Linien oder die Blütenformen zeichnest du leicht mit Bleistift vor.

2 Male dann das Bild mit Pinsel und Farbe. Damit die Farben schön leuchten, rühre richtig lange mit dem Pinsel im Deckmalkasten. Beginne mit Regenbogen und Pflanzen und male dann den Hintergrund zügig aus.

TIPP
Werde zum Regenbogenmacher! Du brauchst dazu die tief stehende Nachmittagssonne, Gummistiefel und einen Gartenschlauch mit Sprühdüse. Stelle dich mit dem Rücken zur Sonne und bewege den Gartenschlauch etwas hin und her. Mit etwas Glück siehst du deinen eigenen Regenbogen!

MALEN UND ZEICHNEN

Malen wie Paul Klee

Paul Klee „Citronen-Ernte", 1937, 219
Aquarell auf Grundierung auf Jute, 70 x 46 cm,
Fondation Pierre Gianadda, Martigny

Die Frau trägt einen großen Korb voller Zitronen auf ihren Kopf. Sie will schnell nach Hause. „Wenn der Korb nur nicht so schwer wäre!", denkt sie. Schweißperlen fließen an ihr herab. Sie sieht ihren kleinen Sohn vor sich her laufen. Da prasseln die ersten Regentropfen vom Himmel. Der Junge freut sich, hebt die Arme zum Himmel. „Juhu, es regnet, es regnet!", ruft er. Er genießt die himmlische Dusche. Immer weiter möchte er im Regen hüpfen. Aber Mama wird zornig: „Wir müssen nach Hause, hilf mir lieber beim Tragen der Zitronen." Wie schade! Der Junge hüpft noch ein bisschen, dann läuft er zu Mama, tragen helfen.

So ähnlich könnte der Maler Paul Klee (1879-1940) diese Szene erlebt haben. 1928 reiste er zum ersten Mal nach Ägypten. Neun Jahre danach malte er sein Bild „Citronen-Ernte".

Eigentlich sind darauf nur verschieden große, farbige Vierecke und einige schwarze Linien zu sehen. Wenn du aber genau hinschaust, kannst du in den geheimnisvollen Zeichen eine Frau, einen kleinen Jungen, eine Wasserquelle, eine Treppe und vieles mehr erkennen.

ZIELGRUPPE
ab 1. Klasse

LERNZIELE
- Beschäftigung mit der Bildsprache Paul Klees
- Erfinden unterschiedlicher Linien und Muster
- Farben und Linien als Ausdrucksmittel von Gefühlen nutzen
- Kennenlernen und Unterscheiden von warmen und kalten Farben
- Vereinfachung von Mensch und Natur

Paul Klee fängt mit Farben, Punkten und geraden, eckigen oder geringelten Linien eine besondere Stimmung ein. Die Menschen und Gegenstände hat er dabei so stark vereinfacht, dass sie ähnlich wie die Bilderschrift der alten Ägypter wirken. Paul Klee gehört zu den bedeutendsten Malern des 20. Jahrhunderts. Seine Eltern waren beide Musiker, sein deutscher Vater Musiklehrer und seine schweizer Mutter Sängerin. Für Klee waren Linien und Farben dasselbe wie für den Musiker Noten und Klänge.

Mit kalten Farbtönen wie Blau, Grün und Violett drückte er Ruhe, Ernst und Traurigkeit aus, mit warmen Farben wie Gelb, Orange oder Rot dagegen Bewegung, Wärme oder Zorn. Sicher kennst du den Ausspruch „Ich sehe rot" für einen Menschen, der wütend ist oder Gefahr wittert.

Auch Paul Klees Linien erzählen je nach ihrer Form von unterschiedlichen Dingen: Die Schnecke von einer Wasserquelle, die geraden Linien von Treppenstufen und die Zickzackformen von innerer Bewegung wie Ärger und Zorn.

Mit welchen Linien und Farben würdest du ausdrücken, wie es dir geht? Hast du eine Lieblingsfarbe? Welche Linie in Paul Klees Bild gefällt dir am besten? Wie viele verschiedene Linien in Klees Gemälde findest du? Versuche ein Bild zu malen, indem du ähnliche Farben und Linien wie Paul Klee verwendest. Vielleicht fallen dir auch noch neue Farben und Linien ein, die zu diesem Bild passen.

Inspiriert von Paul Klees „Citronen-Ernte" erzählt dieses Bild seine eigene Geschichte.

MALEN UND ZEICHNEN

Das brauchst du
- Deckmalfarbe
- Papier
- Wachsmalstift oder Kohlestift in Schwarz
- evtl. bunte Wachsmalstifte
- Pinsel, Becher mit Wasser, Mallappen
- altes Hemd o. Ä., Zeitung als Unterlage

So wird's gemacht

1 Schaue dir Paul Klees Bilder genau an: Was gefällt dir besonders gut? Wie hat er die Farben für den Hintergrund zusammengestellt, welche Linien hat er verwendet?

2 Male zuerst den Hintergrund in Pastelltönen: rühre lange mit dem Pinsel im Deckmalkasten und mische die Farbe für Pasteltöne mit Deckweiß. Du kannst Kästchen, Streifen, Dreiecke malen die Farbe in Kreisbewegung auftragen oder stupfen.

3 Zeichne nun mit schwarzem Wachsmalstift die Linien und Formen ein. Achte dabei auf eine schöne Verteilung der Zeichnung auf dem Bild. Einen besonderen Effekt erzielst du, wenn du einige Formen mit buntem Wachsmalstift farbig umrandest.

PAUL KLEE

TIPP

Im Stil Paul Klees lassen sich die unterschiedlichsten Bilder malen, auch Unterwasserlandschaften und stark vereinfachte Pflanzen. Statt bunter Hintergründe kannst du auch einmal ausprobieren, wie es wirkt, wenn du nur mit Rot- oder Blautönen malst.

In die richtige Malstimmung kommst du mit arabischer Musik.

MALEN UND ZEICHNEN

Süße Vierbeiner

Wie viele Beine hat der Elefant?

Schau dir das erste Bild genau an und zähl nach. Eins, zwei, drei, vier, fünf ... Das kann doch nicht sein, ein Elefant hat doch nicht fünf Beine! Da hat sich der Zeichner bestimmt vertan! Du kannst auch deine Freunde oder Eltern die Beine zählen lassen. Fast alle werden sagen, dass der Elefant fünf Beine hat. Aber es sind nur vier. Das glaubst du nicht? Dann schau dir mal die nächste Abbildung an.

Leg ein Blatt Papier auf die Füße des Elefanten und zähl noch einmal seine Beine. Wie viele sind es jetzt? Schau genau hin, dann wirst du entdecken, dass der Elefant nur vier Beine hat. Wie ist das nur möglich?

Wenn wir das erste Bild anschauen, sehen wir auf den ersten Blick eine Zeichnung mit geschlossenen Linien. Dadurch lässt sich unser Gehirn täuschen und denkt, dass alle senkrechten Linien, die unten geschlossen gezeichnet wurden, tatsächlich die Beine des Elefanten sind. Dabei sind einige Beine unten offen und der Boden dazwischen ist mit einer Linie geschlossen. So kommt es zu der Verwirrung. Klarer wird das Verwirrspiel, wenn man eine durchgehende Linie einzeichnet und alle Beine und Zwischenräume schließt. Damit die Beine noch deutlicher zu erkennen sind, kannst du die Füße mit kleinen Bögen bemalen. Noch einmal nachgezählt: eins, zwei, drei, vier – tatsächlich, der Elefant hat genau vier Beine!

ZIELGRUPPE ab 1. Klasse

LERNZIELE
- ◆ Aufbau einer Tierfigur (mit vier Beinen)
- ◆ Erfinden unterschiedlicher Muster
- ◆ Abstimmen der Proportionen auf die Bonbongröße
- ◆ Malen und Zeichnen mit Filzstiften
- ◆ Verwendung von Farbkontrasten üben
- ◆ phantasievolles Arbeiten

VIERBEINER

Das brauchst du
- festes Papier in Weiß
- 4 Bonbons
- Bleistift
- Filzstifte
- Schere
- Heftgerät
- evtl. Klebstoff

So wird's gemacht

1 Suche dir ein Tier aus, das vier Beine hat und zeichne es auf das Papier. Du kannst Kopf und Körper einzeln malen, achte dann darauf, dass die Größen zueinander passen. Zeichne die Umrisse und das Gesicht.

2 Jetzt wird das Tier mit Filzstiften ausgemalt und das Gesicht nachgezeichnet. Die Tierchen auf dieser Seite tragen bunt gemusterte Hosen und Kleider. Fallen dir noch andere Muster ein, mit denen du die Kleidung verzieren kannst?

3 Nach dem Ausmalen schneidest du dein Tier aus. Schön sieht es aus, wenn du einen schmalen weißen Rand rundherum stehen lässt. Klebe dann die Einzelteile zusammen und bringe die Bonbonbeine mit einem Heftgerät an.

TIPP

Gucke dir auf Tierfotografien oder in Bilderbüchern vor dem Entwerfen deines Tieres ganz genau an, was typisch an der Körperform und dem Kopf ist.

Die Bonbontiere sind eine schöne Geschenkidee. Versuche vorher herauszubekommen, welches das Lieblingstier deiner Freunde oder Verwandten ist.

MALEN UND ZEICHNEN

Aufräum-kisten

Luana konnte wunderbar malen, weit springen und Kekse backen. Sie konnte spannende Geschichten erzählen, sich mit ihrem Papagei Bruno unterhalten und auf Bäume klettern. Aber eines konnte Luana nicht: aufräumen und Ordnung halten.

Wenn immer sie ein Bild malen wollte, suchte sie ihre Farben und Pinsel, manchmal so lang, dass sie hinterher gar keine Lust mehr hatte zu malen. „Mutti, hast du meine Farben und Pinsel gesehen?" rief sie durchs Haus.

Manchmal entdeckte Luana zufällig, was sie Tage zuvor vergeblich gesucht hatte: die Farben im Kleiderschrank, die Pinsel im Besteckkasten. Aber oft ging sie auch leer aus. Wenn sie ihre knusprigen Butterkekse backen wollte, fand sie ihre Lieblingsbackförmchen nicht. Und wenn sie die Backförmchen zum Schrecken von Mutti endlich in einer halb vollen Mehltüte gesichtet hatte, suchte sie weiter nach dem Zettel mit ihrem Lieblingsrezept.

Ja, es war nicht leicht mit Luana. Das meinte auch Thilo, ihr großer Bruder. Eigentlich konnte er seine kleine Schwester gut leiden. Aber seit sie seine beiden Lieblings-CDs ins Nirgendwo befördert hatte, hütete er seine Schätze wie einen Augapfel. Monate später hatte er eine CD in einem Backbuch wiedergefunden, zusammen mit ein paar Papageienfedern. Obwohl er sich über die wiedergefundene CD gefreut hatte, war er damals ärgerlich auf Luana gewesen.

Thilo saß nachdenklich in seinem Zimmer, den Kopf in die Hände gestützt. In drei Tagen war Luanas Geburtstag. Plötzlich kam Thilo eine Idee: Er wusste auf einmal genau, was er ihr schenken würde.

Am nächsten Tag hielt er in drei Schuhgeschäften nach leeren Kartons Ausschau und brachte vier nach Hause. Einer war für Luanas Vogelfedern, einer für ihre vielen Backförmchen, einer für Farben und Pinsel und einer für den Stapel ihrer selbst erfundenen Geschichten. Eine Stunde später hatte er alle Kartons mit weißer Farbe bemalt. Thilo legte den breiten Pinsel zufrieden zur Seite. Morgen, wenn die Kartons richtig durchgetrocknet wären, würde er sie mit allen möglichen geometrischen Mustern verzieren. Thilo freute sich: Mit seinem Geschenk würde Luana nie wieder nach ihren Sachen suchen müssen.

Und du? Bist du ein ordentlicher Mensch? Oder eher chaotisch wie Luana? Ärgert es dich manchmal, wenn du bestimmte Sachen nicht wiederfindest? Dann bemale doch auch ein paar Kartons für alle deine Schätze.

ZIELGRUPPE 1. und 2. Klasse	LERNZIELE	◆ großzügiges, flächiges Gestalten eines dreidimensionalen Körpers	◆ Gestalten der Kiste inklusive Deckel ◆ Erfinden geometrischer Muster	◆ Arbeiten im Farbe-an-sich-Kontrast ◆ sorgfältiges Malen mit Pinsel und Farben

KISTEN

2E

Das brauchst du

- Schuhkartons
- Acrylfarbe in Weiß und beliebigen Farben
- Pinsel, Becher mit Wasser, Mallappen
- altes Hemd o. Ä., Zeitung als Unterlage

So wird's gemacht

1 Die meisten Schuhkartons sind bunt bedruckt, übermale deinen deshalb zuerst mit weißer Farbe. Auch wenn du einen unbedruckten farbigen Karton hast, solltest du ihn zuerst weiß grundieren. Die aufgemalten bunten Farben leuchten dann später schöner.

2 Lasse den weiß bemalten Karton gut trocknen. In der Zwischenzeit kannst du dir geometrische Muster überlegen: Kreise, Dreiecke, Rechtecke, Trapeze ... fällt dir noch mehr ein? Suche dir auch schon die Farben aus, in denen du den Karton bemalen möchtest.

3 Wenn alles vorbereitet ist, geht's ans Bemalen. Du kannst einfach so drauf los legen oder dir die Muster mit Bleistift vorzeichnen. Bemale den Karton von allen Seiten, auch den Deckel. Auf den Deckel oder die Seitenwand, die später nach vorne steht, kannst du noch deinen Namen oder den Inhalt des Kartons schreiben.

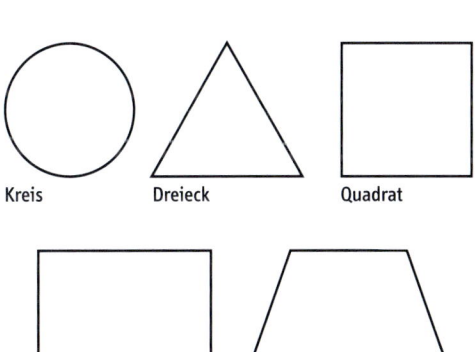

Kreis Dreieck Quadrat

Rechteck Trapez

MALEN UND ZEICHNEN

Malen im Quadrat

Hast du schon einmal vor einem weißen Blatt gesessen und einfach nicht gewusst, wie du anfangen sollst? Das ist der richtige Moment, um dir eine Quadratologo®-Leinwand zu holen. Ein feines Fadennetz teilt diese mit Stoff bespannte Malwand in viele gleichseitige Vierecke (= Quadrate) auf, die nur darauf warten, dass du sie mit Farbe füllst. Du brauchst dir kein Thema und keine Aufteilung zu überlegen, sondern kannst drauflosmalen.

Vielleicht entdeckst du in den kleinen Kästchen auch neue interessante Dinge, die du farbig herausheben möchtest: Fenster, Häuser, eine Blume, Streifen, ein Schachbrett, ein Kreuz oder einen Stern?

Du allein entscheidest, was du aus den kleinen Vierecken zauberst. Auch ein schlichtes Muster kann schön wirken. Das Besondere am Malen auf einer Quadratologo®-Leinwand ist, dass du den Pinsel nicht auszuwaschen brauchst, sondern ihn einfach immer wieder in neue Farben tauchst. So entwickeln sich von selbst spannende Mischtöne und Muster.

Du kannst jedes Kästchen einzeln färben, darfst aber auch über die Grenzen hinausmalen. Lustig sieht es aus, wenn du deine Farben an ganz verschiedenen Stellen auf der Leinwand verteilst und sie vorher mit etwas Leim und Sand andickst. Kästchen für Kästchen wächst dein Bild heran. Du kannst mit Pinsel oder einfach mit den Fingern arbeiten. Wenn du fertig bist und das Bild getrocknet ist, schau es dir einmal von weiten an: Es funkelt!

ZIELGRUPPE
ab 1. Klasse

LERNZIELE

- ◆ Einhalten einer ausgewählten Farbpalette
- ◆ Intuitives, spielerisches Herstellen von Mischfarben
- ◆ Überwindung von Malhemmung
- ◆ Förderung von Ausdauer, Konzentration, Feinmotorik und Tastsinn
- ◆ Entspannung und Entlastung durch einfache Technik und vorgegebene Bildaufteilung
- ◆ Steigerung des Selbstwertgefühls: jedes Bild gelingt
- ◆ Experimentieren mit Farbwirkungen innerhalb eines sicheren, stützenden Rahmens

Das brauchst du

- Quadratologo®- Leinwand (netzbespannter Keilrahmen, Kästchengröße ca. 1 cm)
- Acrylfarbe in zwei Grundfarben, einer Mischfarbe und Weiß
- Borstenpinsel
- Mischpalette mit mindestens vier Vertiefungen oder Pappteller
- altes Hemd o. Ä., Zeitung und Pappteller als Unterlage
- evtl. Sand und Leimbinder

So wird's gemacht

1 Lege deine Leinwand auf einen Pappteller, so dass du auch an die Ränder gut herankommst. Überlege dir, welche Farbfamilie aus drei Farben und Weiß du verwenden möchtest. Zu Blau passt Gelb, Grün und Weiß; zu Rot passt Gelb, Orange und Weiß. Blau und Rot passen zu Lila und Weiß.

2 Suche dir irgendein Quadrat aus und male es in einer der vier Farben deiner Farbfamilie aus, z. B. in Rot. Dabei kannst du mit dem Pinsel streichen oder tupfen, ganz bis an den Fadenrand gehen oder einen dünnen weißen Rand stehen lassen.

3 Wenn du eine neue Farbe möchtest, tauche den Pinsel unbedingt unausgewaschen (das ist wichtig!) in die nächste Farbe, z. B. in Gelb. Dadurch entstehen Mischtöne (z. B. ein dunkles Orange).

4 Fahre so fort, bis sich alle Farben am Pinsel befinden. Es ergeben sich von selbst neue Farbtöne, da sich die Farben mit der Zeit immer mehr miteinander vermischen. Helle Farben erhältst du, wenn du Weiß hinzu gibst. Wenig Rot und viel Weiß verwandeln sich in zartes Rosa. Entscheide nach Lust und Laune, welche Farben die noch übrigen Felder bekommen sollen. Du wirst sehen, dass alle deine Farben am Ende prima zusammenpassen. In die noch feuchte Farbe kannst du Glitter oder Granulat einstreuen oder kleine Streuteile, Glasnuggets, Muscheln usw. eindrücken.

TIPP

Eine unregelmäßige Oberfläche entsteht durch Zugabe von etwas Sand und Leimbinder in die Farben. Dadurch werden die Farben dick und können auf der Oberfläche als Farbkleckse aufgetragen werden.

Der Pinsel wird nicht ausgewaschen, sondern ungereinigt in die nächste Farbe getupft. Saubere Mischergebnisse sind aber durch die in Schritt 1 beschriebene Auswahl der Farben garantiert.

MALEN UND ZEICHNEN

Höhlenbilder auf Leinwand

Eine Höhlenmalerei im Monument Valley, USA.

ZIELGRUPPE
3. und 4. Klasse

LERNZIELE

- unregelmäßige Untergrundgestaltung in Höhlenoptik
- Herstellen von plastischen Effekten durch Zugabe von Sand und Klebstoff
- Mischen unterschiedlicher Sand- und Erdtöne
- Verbindung von Farbe, Fläche und Linie
- Entwerfen von formatfüllenden Tieren
- Zeichnen auf einer unebenen Leinwand
- Wertschätzung früher Kulturen

Wie aus der Steinzeit: ein Mammut auf einer in Höhlenwand-Optik bemalten Leinwand.
Die Leinwand wurde mit einem Spachtel mit Strukturpaste bestrichen und nach dem Trocknen mit Acrylfarbe bemalt.

Höhlenbilder gehören zu den ältesten Bildern der Menschheit. Etwa 15.000 Jahre v. Chr., nach dem Ende der Eiszeit, lebten die Menschen in Höhlen, ernährten sich von der Jagd auf große Tierherden und benutzten nur einfache Werkzeuge. Die berühmteste Höhle befindet sich in Frankreich, in Lascaux. Dort kann man wunderschöne Zeichnungen von Tierherden und fünf Meter langen Stieren bewundern. Die Stiere sind ohne Standlinie direkt auf die rohen und unebenen Innenwände aufgetragen, wirken aber dabei so lebendig, als ob man das Klappern ihrer Hufe hören könnte.

Die Höhlen sind mehrere hundert Meter lang, und die Wandmalereien befinden sich meist in versteckten Winkeln. Die frühen Maler befeuchteten den Kalk der Innenwände und malten die Umrisse von Kühen, wilden Pferden, Mammuts und Rentieren mit einfachen Pinseln aus Pelz, Federn, einem weichgekauten Stock oder direkt mit der Hand auf die Wände.

Anschließend wurde das aus Mineralien und Erzen gewonnene Farbpulver mithilfe eines Röhrenknochens verstäubt.

Die tiefere Bedeutung der Tierdarstellungen ist bis heute noch nicht ganz geklärt. Forscher vermuten aber, dass es sich bei den Bildern in der Mehrzahl um Jagdzauber handelt: Durch die bildliche Darstellung hofften die Menschen, die Tiere in der Natur besser aufzuspüren. Oder sie wollten an der Fruchtbarkeit, der Schönheit und Kraft der gemalten Tiere teilhaben. Heute zeigen uns diese Bilder, welche Tiere sie kannten und gejagt haben.

Mithilfe von Leinwand, Sand, Farben, Leimbinder, Pinsel und etwas Phantasie kannst du dir deine eigene Höhlenwand schaffen. Setze dein Lieblingstier darauf und wünsch dir etwas von ihm. Mal sehen, was geschieht …

MALEN UND ZEICHNEN

Das brauchst du

- eine oder zwei Leinwände
- Acrylfarbe in Rot, Gelb, Blau, Ocker, Weiß und Schwarz
- Leimbinder
- kleine Löffel zum Rühren
- Borstenpinsel und/oder Spachtel/Teigschaber
- Vogelsand und/oder Farbpigmente in Erdtönen
- Pappteller zum Mischen
- Becher mit Wasser, Mallappen
- altes Hemd o. Ä., Plastiktüte als Unterlage
- evtl. Haarföhn zum schnelleren Trocknen
- evtl. Holzstäbchen zum Hineinritzen

HÖHLENBILDER

27

So wird's gemacht

1 Mische dir aus Gelb, wenig Blau und etwas Rot auf einem Pappteller einen Grundockerton.

2 Rühre ein bis drei Teelöffel Sand, einen Teelöffel Wasser und zwei Teelöffel Leimbinder in die Farbe und vermische alles gut miteinander, bis es zu einem Brei wird. Trage die Farbe mit dem Pinsel oder einem Spachtel auf. Achte dabei auf eine unregelmäßige Verteilung der Farbe. Du kannst die Farbe tupfen, streichen oder sie mit dem Finger auftragen. Schön sieht es aus, wenn du mit einem Holzstäbchen in die noch feuchte Farbe geheimnisvolle Zeichen hineinritzt.

3 Mische immer wieder neue Ocker- und Brauntöne, indem du die Anteile von Rot und Blau zu Gelb veränderst. Durch Zugabe von Weiß entstehen helle Farbtöne. Fahre so fort, bis die ganze Leinwand, auch an den Rändern, mit Farbe bedeckt ist.

4 Trockne die fertig grundierte Leinwand über Nacht oder gleich mit einem Föhn.

5 Tauche den Pinsel ohne Zugabe von Wasser in schwarze Farbe und zeichne dein Lieblingstier so groß wie möglich auf die Leinwand. Lasse die Farbe wieder gut trocknen.

TIPP

Wenn du nur zwei kleine Leinwände hast, aber gerne ein großes Tier malen möchtest, lege die beiden Bilder einfach nebeneinander und male so über den Rand hinaus, als ob dein Bild nur aus einer Leinwand bestehen würde. Dadurch wirkt das Bild so, als stamme es tatsächlich aus einer Höhle und ist in der Mitte zerbrochen.

Schneiden, Kleben, Falten und Collage

28

Alles ist zum Basteln da! Gucke dich beim nächsten Spaziergang oder im Urlaub am Meer einmal genau um: Sehen manche Blätter nicht aus wie kleine Tierkörper oder Flügel? Können aus Stöckchen nicht Schlangen werden, aus Kieseln mit etwas Farbe Käfer, aus Muscheln Kleidchen? Sammle einfach alles, was deine Phantasie anregt! Damit kannst du zuhause Landschafts- oder Tiercollagen kleben.

Auch die Altpapiersammlung birgt Schätze: Aus Obst- und Gemüseabbildungen in der Supermarktwerbung kannst du ein lustiges Königspaar kleben, aus bunten Papierresten eine Unterwasserlandschaft oder einen Zaubervogel. Auch Servietten gehören nicht nur auf den Tisch: Ein Vogelhäuschen lässt sich damit ebenso verzieren.

Außerdem findest du auf den folgenden Seiten originelle Faltideen wie den Salto schlagenden Frosch, Schnipselbilder, mit denen du Portraits deiner Freunde machen kannst, und eine Schneidearbeit im Stil antiker griechischer Vasen.

SCHNEIDEN, KLEBEN, FALTEN UND COLLAGE

Collagen aus Blättern

Im Herbst werden die Tage kürzer. Die Sonne steht von Tag zu Tag tiefer am Himmel und schaut immer seltener zwischen den Wolken durch. Dafür aber beginnen sich die Wälder in bunte Farben zu hüllen und die Bäume und Sträucher strahlen mit roten, gelben und orangefarbenen Blättern um die Wette. Jetzt machen Waldspaziergänge besonders viel Spaß. Aber es dauert nicht lange, dann werden die Blätter welk und verblassen. Sie tauschen ihre bunten Farben gegen schmuckloses Braun und düstere Grautöne ein. Und wenn der Herbstwind kommt, fegt er das fahle Laub von den Zweigen und lässt es ein letztes Mal tanzen, bevor es zu Boden fällt.

Dieses Spiel der Natur ist ganz einfach zu erklären: Wenn die Sonne im Herbst immer tiefer steht, verlieren ihre Strahlen allmählich an Kraft. Die Tage werden kürzer und die Erde wird nicht mehr so stark erwärmt. Die Bäume erkennen daran, dass der Sommer vorüber ist und rüsten sich für den nahenden Winter. Nicht nur die Menschen ziehen sich jetzt also wärmer an. Auch die Bäume bereiten sich auf die kalte Jahreszeit vor.

Je kälter der Boden wird, desto weniger Wasser und Nährstoffe können die Bäume mit ihren Wurzeln aus der Erde aufnehmen. Und wenn der Boden gefriert, können sie gar kein Wasser mehr aufnehmen. Durch seine vielen Blätter verliert der Baum aber ständig an Wasser. Es verdunstet an der großen Oberfläche der Blätter. Die Blätter werden im Herbst also zur Gefahr für den Baum. Und um nicht zu verdursten, entscheidet er sich, seine Blätter einfach abzuwerfen.

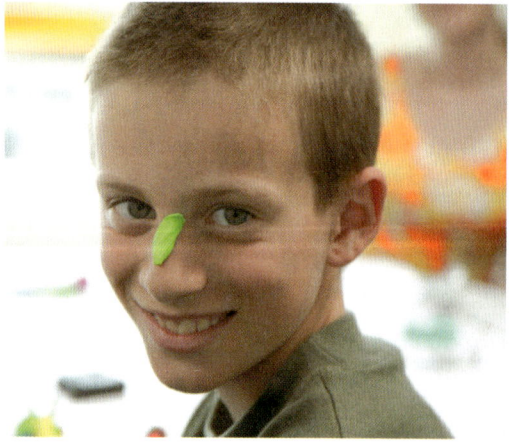

| ZIELGRUPPE 3. und 4. Klasse | LERNZIELE | ◆ Auswählen und Sammeln von Naturmaterialien
◆ Anregen der Phantasie beim Betrachten von Naturmaterialien
◆ Kombinieren verschiedener Strukturen | ◆ Wertschätzen der Formen- und Farbvielfalt der Natur
◆ Natur ganzheitlich erleben und daraus etwas gestalten |

Bilder von Tieren, Zweigen, Blumen und vieles mehr lassen sich aus Blättern machen.

Dazu schaltet der Baum sozusagen in den Rückwärtsgang. Vom Frühling bis in den Spätsommer hat er mit seinen Wurzeln die frischen Zweige, Blätter, Blüten und Früchte versorgt. Nun saugt er die Nährstoffe aus den Blättern durch die Zweige und Äste wieder zurück und speichert sie tief in seinem Stamm und in den Wurzeln. Als erstes verlieren die Blätter dabei das Chlorophyll. Dieser Stoff verleiht den Blättern ihre grüne Farbe. Je weniger Chlorophyll in den Blättern ist, desto mehr kommen die anderen Farben zum Vorschein. Die Blätter der Bäume verfärben sich und leuchten in warmem Rot, Gelb und Orange.

Im Herbstwind trocknen die bunten Blätter nun allmählich aus. Damit sie abgeworfen werden können, bildet sich dort, wo sie mit ihren Stielen am Zweig sitzen, eine kleine Narbe. Diese verhindert, dass beim Abfallen des vertrockneten Blatts eine offene Stelle am Baum zurückbleibt. Der Baum muss schließlich sorgsam mit seinem Wasser umgehen. So gerüstet hält der Baum nun einen langen Winterschlaf, bis er im nächsten Frühling von der Sonne wieder geweckt wird und neue Knospen und Blätter an seinen kahlen Zweigen sprießen.

SCHNEIDEN, KLEBEN, FALTEN UND COLLAGE

Das brauchst du

- getrocknete Blätter, Gräser und Blumen, Äste, Kürbiskerne, Moos, Steine
- Farbe, Pinsel, Becher mit Wasser, Mallappen
- Alleskleber
- Rahmen in verschiedenen Größen
- Zeitung als Unterlage
- Fotokarton, Naturpapier

Wohin im Herbst?

Der Herbst ist eine wunderbare Zeit für Spaziergänge in der Natur. Besonders spannend ist ein Ausflug zu einem Maislabyrinth. Diese begehbaren Irrgärten gibt es inzwischen fast überall. Im September und im Oktober, wenn der Mais richtig schön hochgewachsen ist, ist es ein besonderes Vergnügen, durch die verwinkelten Gänge zu gehen und den richtigen Weg zum Ausgang zu suchen.

So wird's gemacht

1 Aus gesammelten Materialien kannst du phantasievolle Bilder zusammenstellen. Wenn du fertige Bilderrahmen verwendest, nimmst du die Glasscheibe heraus und klebst die verschiedenen Materialien auf die Innenseite der Rahmenrückwand. Damit sie schöner aussieht, kannst du sie vorher passend bemalen, beispielsweise mit einem blauen Himmel.

2 Ordne die Blätter zu einer Landschaft, Tieren oder Figuren an und klebe sie mit Alleskleber auf. Mit bemalten Steinen kannst du leuchtend bunte Akzente setzen.

3 Für den Igel malst du zuerst den Körper auf und klebst dann die Stacheln aus Kürbiskernen auf. Dann werden die Blätter für das Igelnest aufgeklebt. Danach brauchst du nur noch den Rahmen anzubringen.

TIPP

Du kannst deine Collage auch statt direkt auf die Rahmenrückwand auf ein passend zugeschnittenes Papier kleben. Besonders schön zu Blättercollagen passt handgeschöpftes Naturpapier, das du im Bastel- oder Schreibwarenladen kaufen kannst.

SCHNEIDEN, KLEBEN, FALTEN UND COLLAGE

Obst- und Gemüsecollagen

Aus dem Tagebuch eines Weltreisenden: In Zauberland, wo die Elfen und Feen zuhause sind, nicht weit von Bananas, gibt es einen wunderschönen Obstgarten. Der liegt so abgelegen, dass sich selten ein Mensch dahin verirrt. Wunderbare Birnen-, Apfel- und Kirschbäume wachsen in seinem Inneren, umgeben von Brombeer- und Himbeerbüschen und Feldern mit Walderdbeeren.

Sogar Aprikosenbäume verströmen ihren herrlichen Duft. Im Frühling blühen die Obstbäume rosa und weiß, das sieht sehr schön aus. Und wenn dann die ersten Kirschen am Baum blitzen, kann man manchmal die Obstkönigin durch ihren Garten wandeln sehen. Stolz sieht sie aus und gleichzeitig so lustig, dass man sich das Lachen nur schwer verkneifen kann. Denn ihr ganzer Körper, ja selbst ihr Gesicht, besteht nur aus Obst. Wenn man sich hinter einem Himbeerbusch versteckt, kann man sie aus der Nähe betrachten und ihren unbeschreiblichen Duft einsaugen. Ein Duft nach Himbeeren, Birnen, Bananen, Aprikosen, Erdbeeren, Stachelbeeren, Ananas und Pflaumen, ein Duft wie vom tollsten Früchtecocktail.

Letztes Jahr war ich zum zweiten Mal dort und erlebte Erstaunliches. Ich versteckte mich hinter den Himbeeren, als ich die Obstkönigin in Begleitung eines seltsamen Freundes vorbeischreiten sah. Augenblicklich mischte sich der süße, mir bekannte Wohlgeruch mit Gurken-, Blumenkohl- und Tomatenduft. „Mein lieber Gemüsekönig", hörte ich die Obstkönigin zärtlich flüstern, „ich bin ja so glücklich, dass wir Freunde geworden sind. So kann ich auch in euren Garten kommen und etwas anderes als Obst zu mir nehmen." „Ich freue mich auch darüber", dröhnte der kleine Gemüsekönig und tätschelte sanft die Erdbeerwange der Königin. Ich esse doch so gerne Walderdbeeren mit frischer Milch." „Das lässt sich machen", raunte die Obstkönigin. „Komm heute Abend in

| ZIELGRUPPE
3. und 4. Klasse | LERNZIELE | ◆ phantasievolles Kombinieren von Collagematerialien
◆ spielerischer Aufbau von Figuren | ◆ Übertragen von Obstgrößen auf menschliche Körperteile
◆ sorgfältiges Ausschneiden und Kleben | ◆ Arbeiten mit Überschneidungen |

den kleinen Gartenpavillon!" Vor Freude biss der kleine Gemüsekönig der Obstkönigin in die Erdbeerwange, entschuldigte sich aber gleich darauf. Die Obstkönigin lächelte nur und setzte sich flugs eine neue Erdbeere ins Gesicht. Danach verabschiedeten sich beide und gingen ihrer Wege.

Ich musste leider auch abreisen, mein Urlaub ging zu Ende. Aber kaum zuhause angekommen, hole ich mir bunte Obst- und Gemüseprospekte und klebte aus der Erinnerung ein Porträt der Obstkönigin und ihres neuen Freundes, des Gemüsekönigs. Möchtest du mitmachen?

Das brauchst du
- Bilder von Obst und Gemüse, z. B. aus Supermarktprospekten oder Zeitschriften
- farbiges Papier als Untergrund
- Klebstoff
- Schere
- evtl. Filzstift

So wird's gemacht

1 Schneide die Fotos von Obst und Gemüse aus und sortiere sie gleich, so dass der Gemüsekönig nicht versehentlich eine Obstnase bekommt. Nun stelle die Fotos zu einer Figur zusammen. Überlege, welche große Frucht du als Körper nehmen kannst und welche kleinere als Kopf. Als Arme und Beine eignen sich viele kleine oder aber lange, schmale Früchte gut. Auch für das Gesicht brauchst du kleine Früchte.

2 Klebe alles auf den Untergrund und bemale die Figuren nach Belieben noch mit einem Filzstift.

TIPP
Die Augen von Figuren wirken lebendiger, wenn du mit einem weißen Lackmalstift oder weißer Farbe und einem Zahnstocher einen Lichtpunkt hineintupfst.

SCHNEIDEN, KLEBEN, FALTEN UND COLLAGE

Falttiere „Am Teich"

Ein Frosch lugt zwischen den großen Blättern der Seerose hervor. Die Blätter bieten vielen Tieren Schatten.

Jeden Abend sitzt Marc am kleinen Seerosenteich im Garten hinter dem Haus. Dann hört er dem lautstarken Quaken der Frösche zu. Manchmal sieht er sogar Libellen, die sich auf der Wasseroberfläche tummeln. Ihre metallischen Leiber glitzern im Sonnenlicht.

Letztes Jahr haben Marc und sein Vater den Teich gemeinsam angelegt. Zuerst haben sie sich ein geeignetes sonniges Plätzchen ausgesucht. Dann hat Marcs Vater die Stelle mit einer Schnur abgesteckt und mit mehreren Spatenstichen die Erdgrube ausgehoben. Über dem Boden haben sie eine dicke Teichfolie befestigt und alle Nähte verschweißt. Danach wurde das Wasser eingefüllt. Später sind sie noch in die Gartenhandlung gefahren und haben Teichpflanzen und Samen eingekauft.

Inzwischen ist der Teich ein kleines Paradies geworden. Gelbe Teichrosen, Schwertlilien und silbriges Federgras säumen das Ufer, dazwischen bewegen sich die braunen Rohrkolben und Schilfgräser lustig im Wind. Marc liebt besonders die Wollgräser, die so aussehen, als hätte sich Omas weißes Haar darin verfangen. Aber am meisten mag er die zart schimmernden Seerosen. Wie kleine Boote tanzen sie auf dem See. Manchmal stellt sich Marc vor, er könnte sich ganz klein machen und in solch ein Seerosenboot hineinsetzen. Bestimmt würde das herrlich duften.

Seine Schwester Mia hat die himmelblauen Vergissmeinnicht und das violette Wiesenschaumkraut am liebsten. Besonders schön sieht es aus, wenn ein orangefarbener Aurorafalter sich auf den Blüten niederlässt.

Aber am spannendsten ist es, wenn Marc einen der beiden Frösche erblickt. Manch-

| ZIELGRUPPE ab 1. Klasse | LERNZIELE | ◆ sorgfältiges Schneiden und Falten
◆ Herstellen eines gefalteten Tieres aus einem Blatt Papier bzw. einer Seerose im Faltschnitt | ◆ Schulen des Abstraktionsvermögens
◆ Förderung der Konzentration |

FALTTIERE

mal sieht er einen im Wasser ganz dicht neben einem Goldfisch schwimmen, dann macht der Frosch plötzlich einen Satz, dass es spritzt, und landet auf einem großen Seerosenblatt. Da sonnt er sich eine Weile, schnappt nach vorbeischwirrenden Fliegen und quakt aus vollem Halse.

Schon oft hat Marc versucht, einen Frosch zu fangen. Er hat sich ganz vorsichtig herangetastet – doch der Frosch war immer schneller. Blitzartig ist er davon gesprungen und im Wasser verschwunden. Quak, quak, quak.

37

Das brauchst du

- quadratische Faltblätter
- evtl. Musterbeutelklammern, Wackelaugen
- Schere, Klebstoff
- Prickelnadel

So wird's gemacht

Seerose

1 Für jede Seerose zeichnest du drei verschieden große Kreise auf das Papier und schneidest sie aus. Falte dann jeden Kreis dreimal zur Mitte hin und zeichne auf das entstandene „Tortenstück" die Blütenblattform.

2 Schneide nun die Blattform aus und falte den Kreis vorsichtig auseinander. Ordne die Blütenblätter der Größe nach an und steche mithilfe einer Prickelnadel ein Loch in die Mitte. Nun kannst du sie mit einer Musterbeutelklammer zusammenstecken. Oder du klebst die Blütenblätter übereinander und befestigst etwas geknülltes Papier in der Mitte.

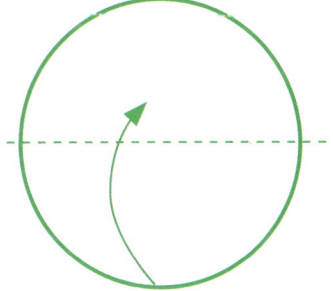 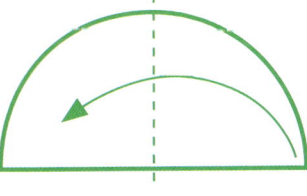  

SCHNEIDEN, KLEBEN, FALTEN UND COLLAGE

Frosch

1 Lege das Papier vor dich hin.

2 Falte zuerst die beiden Diagonalen. Falte das Papier wieder auf und drehe es um.

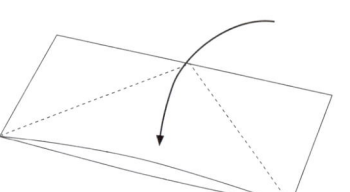

3 Faltest nun den oberen Rand zum unteren.

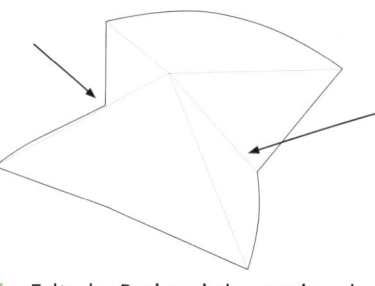

4 Falte das Papier wieder auseinander und drücke es wie auf der Skizze zusammen, so dass die seitlichen Dreiecke innen liegen.

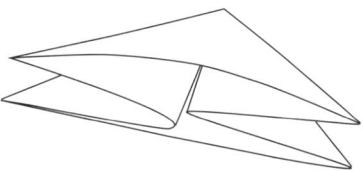

5 So sieht es dann aus. Streiche alle Kanten nach, so dass das Dreieck flach liegt.

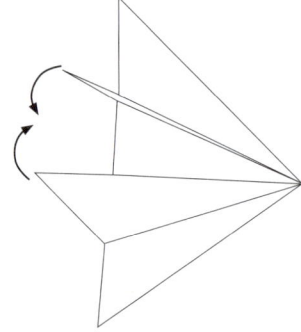

6 Drehe das Dreieck um 90 Grad im Uhrzeigersinn. Falte die Außenkanten der oberen Papierlagen zur Mittellinie.

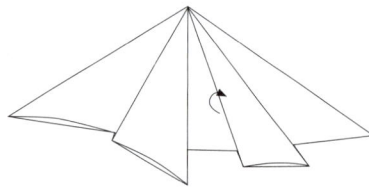

7 Falte sie dann zur Hälfte wieder zurück.

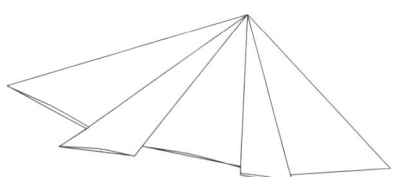

8 So sieht die Faltung jetzt aus.

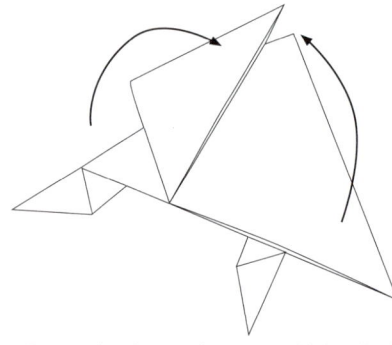

9 Drehe das Papier um und falte die linke untere Spitze des Dreiecks auf die obere Spitze. Wiederhole die Faltung auf der anderen Seite.

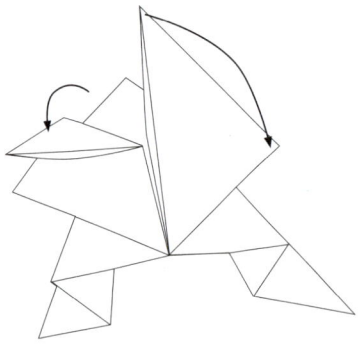

10 Falte dann die oberen Spitzen nach links bzw. rechts außen.

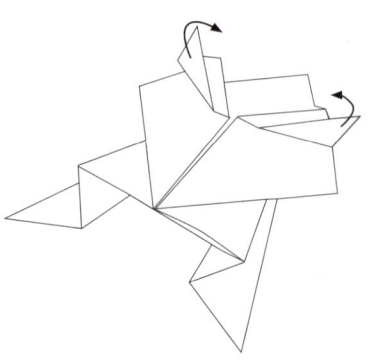

11 Knicke einen Teil der Spitzen auf jeder Seite wieder nach oben.

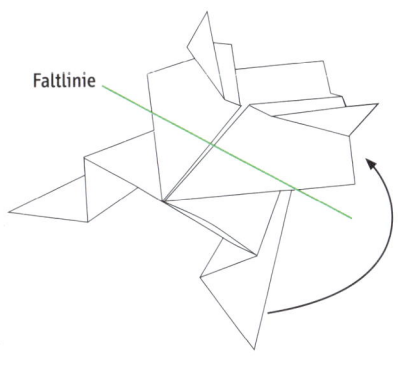
Faltlinie

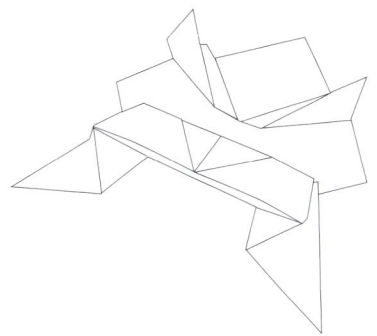

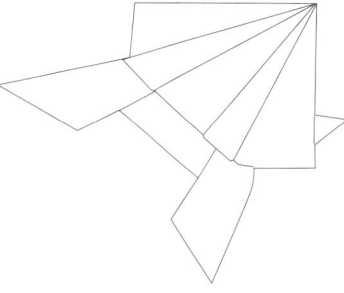

12 Falte nun den Unterkörper an der auf der Skizze gezeigten Faltlinie nach hinten und falte ihn, bis auf einen schmalen Streifen, wieder nach vorne zurück.

13 So sieht der Frosch dann von unten aus ...

14 ... und so von oben. Klebe oder male noch die Augen auf.

Probiere mal dieses Kunststück aus: Wenn du den Frosch kurz am Hinterteil antippst, springt er nach vorne und macht einen Salto.

Fisch

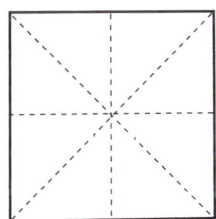
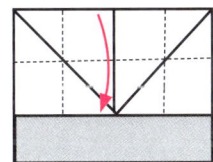
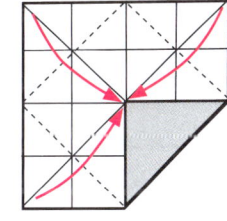

1 Falte zuerst eine Senkrechte und eine Waagerechte, danach zwei Diagonalen.

2 Falte die obere und untere Kante zum Mittelpunkt, ebenso die beiden Seitenkanten.

3 Falte alle vier Ecken zur Mitte und öffne drei Ecken wieder. Wende und drehe das Papier, so dass es wie in Zeichnung 4 liegt.

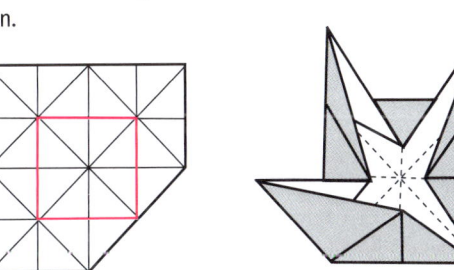
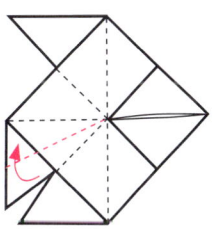
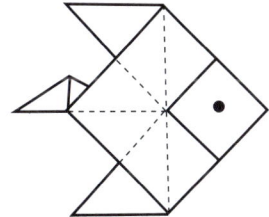

4 Knicke die rot gezeichneten Kanten um und drücke die Ecken nach oben. Dadurch erhältst du die Form von Zeichnung 5.

5 Die beiden gegenüberliegenden Ecken werden als Flossen in Richtung Schwanz umgelegt.

6 Falte die Schwanzflossen zuerst nach unten und knicke die mittlere danach zur Hälfte nach oben.

7 Drehe den Fisch um und klebe oder male das Auge auf.

SCHNEIDEN, KLEBEN, FALTEN UND COLLAGE

Aquariumscollage

Wusstest du schon, dass …

… der Goby, eine Zwerggrundel, mit einer Länge von nur 11 mm der kleinste Fisch der Welt ist? Der Fisch lebt in den Seen von Lucon auf den Philippinen.

… es Fische gibt, die sich eine Wohnung bauen? Der Brunnenbauer gräbt mit dem Maul eine Röhre in den Sand und befestigt den Eingang mit größeren Steinchen und Muschelschalen.

… manche Fische an Land laufen können? Die Schlammspringer verlassen für die Nahrungssuche das Wasser und laufen an Land. Das ist möglich, weil ihre Flossen fußartig umgebildet sind.

Nicht nur Zierde: Pflanzen im Aquarium geben den Fischen Schutz und Orientierung, sorgen für ausreichend Sauerstoff und binden Schadstoffe.

… der schnellste Fisch 96 km/h schwimmt? Diesen ersten Platz im Schnellschwimmen der Fische belegt der Schwertfisch. Dicht dahinter liegt der Thunfisch, er schafft 75 km/h.

… Seepferdchen auch Fische sind? Ihr besonderes Aussehen mit dem pferdeähnlichen Kopf und dem wurmförmigen Hinterleib brachte ihnen den wissenschaftlichen Namen „hyppocampus" ein, die Pferderaupe. Die meisten Seepferdchen leben in den Meeren um Südaustralien und Neuseeland.

ZIELGRUPPE
3. und 4. Klasse

LERNZIELE
- Auswählen des geeigneten Collagematerials
- additives Aufbauen des Bildes
- sorgfältiges Schneiden und sauberes Kleben
- formatfüllende Anordnung des Collagematerials
- Arbeiten mit Überschneidungen

COLLAGE

Das brauchst du

- Magazinseiten
- Klebstoff
- Papier in Blau, mindestens A4
- Klebstoff

So wird's gemacht

1 Schaue dir vor dem Gestalten der Collage Bilder von Aquarien an: Welche Fische leben hier, welche Farben haben sie, schwimmen sie einzeln oder im Schwarm, wie groß sind sie und wie sehen die Pflanzen aus usw.

2 Sammle Magazinseiten und wähle die farblich passenden für deine Unterwasserlandschaft aus. Zeichne darauf Fische und Blattformen oder schneide sie frei Hand sorgfältig mit der Schere aus. Für mehrere gleiche Formen lege zwei bis drei Papierstücke übereinander.

3 Lege nun die Einzelteile auf dem Papier aus und stelle deine Unterwasserlandschaft zusammen. Ergänze sie nach Belieben mit weiteren Formen. Erst dann geht's ans Aufkleben. Gut eignen sich Klebestift und flüssiger Bastelkleber. Gib nicht zuviel Klebstoff auf den Papierschnipsel und klebe die einzelnen Fische und Pflanzenstücke sorgfältig auf. Versuche auch, Fische hinter Pflanzenteilen zu verstecken!

SCHNEIDEN, KLEBEN, FALTEN UND COLLAGE

Zaubervogel in Frottagetechnik

Robin zögerte. Die Tür des kleinen Tierladens stand einen Spalt offen. Robin drückte die Klinke hinunter und ging in den dunklen Raum hinein. Kein Mensch war zu sehen. Aber gleich am Eingang stand eine Voliere mit Wellensittichen. Robin ging ganz nah an den Käfig heran. Er bewunderte das feine hellblaue und gelbe Gefieder der Vögel. „Wenn ich zaubern könnte", so dachte er, dann würde ich gern einmal mit euch fliegen. „Geh zu Zarolin", wisperte da der gelbe der beiden Sittiche. Robin staunte, dass der Vogel sprechen konnte. „Zu Zarolin?", fragte er schüchtern. „Das ist ein Zaubervogel, der kann Wünsche erfüllen", ergänzte der blaue Vogel und blinzelte Robin verschwörerisch zu. „Und wo kann ich Zarolin finden?", wollte Robin wissen. „Geh dem Licht nach!", raunte der blaue Sittich, schüttelte sein Gefieder und flatterte aufgeregt im Käfig umher.

Robin tastete sich langsam, sehr langsam, so als könne das alles nur ein Traum sein, zur kleinen Glastür im hinteren Teil des Raumes. Sie war in helles Sonnenlicht getaucht. Dahinter schimmerte das Grün eines Gartens hindurch. Robin öffnete die kleine Glastür und schritt ins Freie. Helle Birken bogen sich im Sommerwind, Teppiche voller Veilchen lagen ihnen zu Füßen. Mitten durch die Veilchen plätscherte ein kleiner Bach.

Als Robin ihn erblickte, ging gerade die Sonne unter. Sein Gefieder glänzte im Sonnenlicht und es war so schön wie blanke Edelsteine. Funken von hellem Orange und Rot mischten sich mit sonnigem Maisgelb und leuchtendem Rosa. Zarolin saß ganz still auf dem obersten Zweig der größten Birke, die ganz hinten im Garten stand. Er blickte Robin so aufmerksam und unverwandt in die Augen, dass Robin ganz warm ums Herz wurde.

ZIELGRUPPE 3. und 4. Klasse

LERNZIELE
- Auswählen von geeigneten Untergründen für die Frottage (= Rubbeltechnik)
- Aufbauen einer formatfüllenden Einzelfigur
- Bestandteile eines Vogels in ein Bild umsetzen
- deutliche Darstellung des Gefieders
- Arbeiten mit warmen und kalten Farben
- Einbeziehen von Zufallsstrukturen
- sorgfältiges Aufkleben der Einzelteile in einer geeigneten Reihenfolge

Und er wusste auf einmal, dass er fliegen konnte. Zarolin war dicht neben Robin. Sie flogen über weite Täler und tiefe Schluchten, über Meere und schneebedeckte Berge.

Als Robin wieder auf der Erde landete, war Zarolin verschwunden. Aber in Robins Haar glänzte eine Feder in Feuerfarben.

Der Rubbel-Erfinder

„Frottage" heißt Abreibetechnik. Erfunden wurde sie von dem Maler, Collagekünstler und Bildhauer Max Ernst (1891-1976). Er entdeckte sogar eine Methode, mit der es gelingt, mit Ölfarbe zu rubbeln, die „Grattage". Die Bilder des Künstlers zeigen häufig zerklüftete Felsenlandschaften, geheimnisvolle Bäume, Pflanzen und Tiere. Vogel gehörten zu seinem Lieblingsmotiv. Er gestaltete sie immer wieder. Max Ernst nutzte die Abreibetechnik ganz gezielt für die märchenhafte Stimmung seiner Bilder.

SCHNEIDEN, KLEBEN, FALTEN UND COLLAGE

Das brauchst du

- verschiedene Untergründe zum Rubbeln
- Buntstifte und/oder Wachsmalkreiden
- Klebestift
- Papierschneideschere und/oder Muster- und Zackenscheren
- dünnes Papier in Weiß oder Pastellfarben zum Rubbeln
- Fotokarton als Hintergrund

So wird's gemacht

1 Sammle verschiedene, möglichst ebene Untergründe, die sich zum Durchrubbeln eignen. Lege das helle Papier darauf und rubble mit Buntstiften und/oder Wachsmalkreiden über die Untergründe.

2 Denke an die verschiedenen Bestandteile eines Vogels: Kopf mit Auge und Kamm, Schnabel, Hals, Bauch/Körper, Federkleid/Gefieder, Schwanz, Fuß mit Ring oder Kette. Reiße oder schneide aus den farbigen Mustern die einzelnen Körperteile deines Zaubervogels und unterschiedlich große Federn aus. Achte darauf, dass deine Teile groß genug sind, um den Fotokarton zu füllen.

3 Lege dir die einzelnen Teile auf dem Untergrund zu einem Vogel zurecht. Beginne mit Körper, Kopf und Hals. Überschneidungen machen dein Tier lebendig. Achte darauf, dass der Vogel das Format füllt.

4 Klebe den Vogel Stück für Stück auf den Fotokarton. Teile im Hintergrund müssen zuerst aufgeklebt werden. Schmücke den Bauch und Schwanz deines Vogels mit vielen Federn.

TIPP

Untergründe zum Durchrubbeln gibt es viele. Schau dich aufmerksam in deiner Umgebung um und dir werden immer mehr Ideen einfallen, z. B. Torten-Spitzendeckchen aus Papier, Tüllstoff, genoppter Boden einer Tortenform, Bambus-Tischset, Kunstledereinband, Glasteller mit Struktur, Münzen, Naturmaterialien wie Farn oder Rinde, Federn, flache Siebe, Fliegenklatsche, Schuhsohlen. Auch strukturierte Wände mit Kacheln oder Rauhfasertapete sowie bestimmte Böden eignen sich: Wenn du mehrfach über denselben Untergrund mit unterschiedlichen Farben rubbelst und den Untergrund dabei immer ein wenig verschiebst oder drehst, entstehen schöne, dichte Schraffuren. Bei feinen Untergründen, z. B. Tüll, zeichnet sich das Muster besser ab, wenn du Buntstifte statt Kreiden benutzt.

FROTTAGETECHNIK

45

Probiere auch andere Bilder in der Frottagetechnik aus, z. B. einen Eisvogel nur in Blautönen, einen Zaubergarten mit Zauberblumen, ein Wunderschloss, einen Traumbaum, einen Zauberdrachen, eine Fee oder einen Engel.

SCHNEIDEN, KLEBEN, FALTEN UND COLLAGE

Schnipselbilder

Die Kinder der Klasse 3b warten gespannt auf die neue Klassenlehrerin. Alle sind aufgeregt, wie die „Neue" wohl sein wird. Ihr früherer Klassenlehrer Herr Kunze ist in den wohlverdienten Ruhestand getreten.

Jetzt hat es zur Stunde geklingelt und die „Neue" ist immer noch nicht erschienen. Die Kinder werden unruhig. Da plötzlich geht die Tür zum Klassenraum auf und eine junge Frau mit rotem Haar und einer bunt gepunkteten Schultasche betritt schwungvoll den Klassenraum. „Guten Morgen, ich bin Gerda Wendel, ich bin eure neue Klassenlehrerin." Dann erzählt sie aus ihrem Leben. Christina, Nelly und Paul mögen sie sofort. „Als erstes machen wir ein Spiel, damit wir uns besser kennenlernen", schlägt Frau Wendel vor. Sie hat einen Kassettenrekorder dabei und stellt Musik an. Die Tische und Stühle werden gemeinsam an die Seite gerückt, so dass sich die Kinder im Raum wie in einem großen Tanzsaal bewegen können. „Wenn ich auf Pause drücke, sortiert ihr euch nach den Haarfarben: alle Kinder mit hellen Haaren in die eine Ecke, die Braunhaarigen in die andere, und die Schwarzhaarigen und Rothaarigen in die beiden anderen." Paul fällt zum ersten Mal auf, dass seine Haare weder richtig blond, noch braun sind. Danach sortieren sich alle nach immer neuen Kriterien: nach der Größe, der Augenfarbe, der Nasen- und Lippenform. „Es gibt zwar immer wieder Ähnlichkeiten zwischen Menschen, aber insgesamt sieht jeder doch anders aus", fasst Frau Wendel zusammen. „Manche haben blaue, andere grüne oder braune Augen, manche runde, andere spitze Nasen, manche volle, andere schmale Lippen. Und die Kopfform, Haarfarbe und Frisur spielt auch eine Rolle."

„Wir könnten doch Klebe-Bilder von uns machen!", schlägt Nelly vor. „Die können wir dann Herrn Kunze schenken, als Erinnerung." Alle sind begeistert. Am nächsten Tag klebt jedes Kind aus Glanzpapierschnipseln ein Bildnis eines Freundes oder einer Freundin.

ZIELGRUPPE
1. und 2. Klasse

LERNZIELE
- additives Aufbauen eines formatfüllenden Portraits aus Papierschnipseln
- genaues Beobachten des Gegenübers
- Anlegen eines kontrastreichen Bildes
- Erkennen der wesentlichen Merkmale eines Gesichtes und Umsetzen dieser in der Collagetechnik
- Geduld und Ausdauer
- sorgfältiges Aufkleben

Das brauchst du

- gummiertes Glanzpapier
- Fotokarton als Untergrund
- weicher, spitzer Bleistift

So wird's gemacht

1 Schnipselbilder lassen sich am besten zu zweit anfertigen, dann kann jeder den anderen porträtieren. Gucke dir dein Gegenüber ganz genau an: Welche Kopfform hat es? Wo sitzen die Nase, die Augen, die Ohren, wie ist die Frisur? Zeichne die markanten Linien mit Bleistift auf den Untergrund.

2 Fülle dann das Gesicht mit Papierschnipseln aus. Setze die Schnipsel ohne Überschneidungen dicht aneinander. Gucke dein Gegenüber dabei immer wieder genau an und versuche, es so gut es geht zu treffen.

TIPP

Hast du schon einmal darüber nachgedacht, wie ähnlich dir deine Freunde sehen? Gibt es Gemeinsamkeiten oder seht ihr ganz verschieden aus? Ist dir das Aussehen deiner Freunde sehr wichtig? Gibt es etwas, das dir noch wichtiger ist? Was an deinem Aussehen gefällt dir besonders, was bei anderen? Manchmal sehen sich Menschen, die sich mögen, mit der Zeit immer ähnlicher. Schau dir einmal Fotos von Paaren daraufhin an.

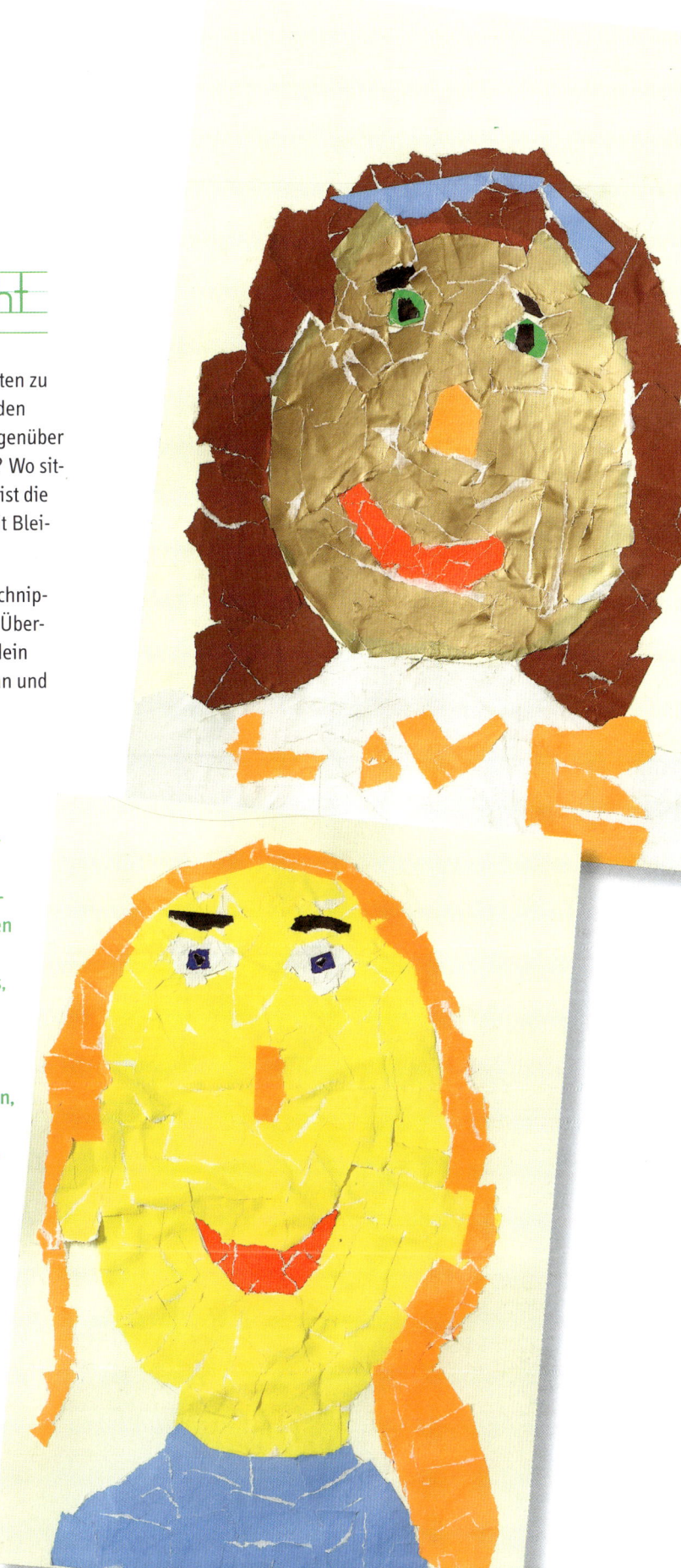

SCHNEIDEN, KLEBEN, FALTEN UND COLLAGE

Futterplätze für Vögel

Wenn es draußen nicht mehr viel Futter gibt, freuen sich die kleinen Piepmätze über eine bereitgestellte Mahlzeit.

Wenn im Winter eine dichte Schneedecke den Boden bedeckt und die Temperaturen unter fünf Grad Celsius sinken, dann freuen sich die Vögel, wenn sie kleine Leckereien von uns bekommen. Aber nicht alle Vögel haben den gleichen Geschmack oder sind anspruchslose Allesfresser wie die Spatzen.

Finken, Sperlinge, Dompfaffen und Ammern haben kräftige Schnäbel und sind reine Körnerfresser. Ihr Leibgericht sind Sonnenblumenkerne. Aber auch Getreidekörner, Hanfsamen und kleine Nussstückchen stehen auf ihrem Speiseplan.

Meisen macht man mit Fettfutter wie Meisenknödel oder -ringe eine große Freude. Aber auch kleine Erdnussstücke und geschälte Sonnenblumenkerne werden von ihnen gerne verspeist. Weil sie am Vogelhäuschen aber von Amseln und Tauben vertrieben werden, sind für sie Meisenglocken ideal. Nur die geschicktesten Vögelchen kommen hier ans Futter – und das sind vor allem die Meisen.

ZIELGRUPPE ab 2. Klasse

LERNZIELE

- Wiederverwenden von recycelbaren Materialien
- Gestalten eines dreidimensionalen Objekts
- Kennenlernen der Serviettentechnik
- plastisches Gestalten mit Strukturpaste
- Beschäftigung mit Winterfütterung
- Lebensbedingungen unterschiedlicher Vögel kennenlernen

Rotkehlchen, Amseln und Stare freuen sich über weiches Futter wie Fette, Obst und Kleie. Ein richtiges Festmahl kann man ihnen mit Rosinen und in heißem Speiseöl oder Fett getränkten Haferflocken bereiten. Am liebsten fressen sie auf dem Boden. Das kann aber ziemlich gefährlich sein, wenn sich eine Katze anschleicht …

Nur die geschicktesten Turner können am Meisenknödel knabbern.

Eine große Gefahr sind für die Vögel aber auch gewürzte oder gesalzene Speisen wie Speck, Salzkartoffeln oder geröstete Nüsse. Auch Brot und Backwaren solltet ihr nicht verfüttern, denn die Vögel bekommen davon Bauchweh und werden krank.

Meisenfutterglocke selbst gemacht

Wenn du keine Meisenknödel bekommst, kannst du aus einem langen Ast, einem Tontopf, Kokosfett und einem Sack Vogelfutter-Körnermischung auch eine Meisenglocke bauen. Stelle den Blumentopf auf ein Einmachglas o. Ä. und stecke den Ast hinein. Er sollte genau in das Loch passen, damit die Körnermasse später nicht hinausfließt. Schmelze dann 200 g Kokosfett bei mittlerer Hitze in einem Stieltopf und schütte in das flüssige Fett so viele Körner, dass eine feste Masse entsteht. Lasse sie etwas abkühlen und schütte sie danach schichtweise in den Blumentopf. Bevor du die Meisenglocke aufhängst, musst du sie eine Nacht lang ins kalte Winterwetter stellen.

Drei Spatzen

In einem leeren Haselstrauch,

da sitzen drei Spatzen, Bauch an Bauch.

Der Erich rechts und links der Franz

und mittendrin der freche Hans.

Sie haben die Augen zu, ganz zu,

und obendrüber, da schneit es, hu!

Sie rücken zusammen dicht an dicht,

so warm wie Hans hat's niemand nicht.

Sie hör'n alle drei ihrer Herzlein Gepoch.

Und wenn sie nicht weg sind, so sitzen sie noch.

(Christian Morgenstern)

SCHNEIDEN, KLEBEN, FALTEN UND COLLAGE

Das brauchst du

- leere Saft- oder Milchtüte (Tetrapack)
- Acrylfarbe (zum Grundieren)
- Pinsel, Becher mit Wasser, Mallappen
- altes Hemd o. Ä., Zeitung zum Unterlegen
- Servietten, wetterfester Serviettenkleber (oder zusätzlich Klarlack)
- Bleistift, Lineal, Schere, spitzes Messer
- große Perlen, Strukturschnee (Strukturpaste)
- Paketschnur
- Vogelfutter

So wird's gemacht

1 Spüle den Tetrapack vor dem Basteln sorgfältig aus.

2 Für das Futterhäuschen schneide mit einem spitzen Messer in die Vorder- und Rückseite des Tetrapacks jeweils ein großes Fenster. Schneide es nur an den Seiten und den oberen Ränder ein, so dass du die Fenster nach unten aufklappen kannst.

3 Kürze dann die Klappen mit einer Schere so, dass auf jeder Seite nur noch eine schmale Lasche stehen bleibt. Auf dieser können die Vögel später sitzen.

4 Bemale jetzt das Futterhäuschen mit weißer Acrylfarbe. Nach dem Trocknen wird es mit Papierservietten beklebt.

5 Bestreiche eine Seite des Kartons mit Serviettenkleber. Löse dann die obere, bedruckte Schicht der

Papierserviette ab und lege sie – möglichst glatt – auf die Fläche. Oder du schneidest einzelne Motive aus Servietten aus und beklebst dein Futterhäuschen damit. Die dünne Serviette reißt leicht, vor allem, wenn sie feucht ist. Ziehe deshalb nicht zu stark daran. Beklebe so alle Seiten. Um die Fenster wieder freizulegen, schneide von der Mitte der darüber geklebten Serviette aus ein Kreuz zu den Ecken des Fensters hin. Kürze die einzelnen Dreiecke und schlage die Überstände auf die Kartoninnenseite um, wo du sie mit Serviettenkleber anklebst. Das ist etwas kniffelig, bitte deshalb deine Eltern oder älteren Geschwister dir zu helfen.

6 Wenn alles fertig beklebt ist, streiche den ganzen Karton noch einmal mit Serviettenkleber oder Klarlack ein. Anschließend kannst du noch Strukturschnee (Strukturpaste) auf der Oberseite des Häuschens auftragen. Steche zuletzt ein Loch in die Oberseite und ziehe von der Innenseite des Kartons einen Faden zum Aufhängen durch. Damit er nicht durchrutschen kann, knote vorher eine große Perle ans Fadenenden, die dann im Tetrapack versteckt ist. Wenn du magst, kannst du auch außen noch eine aufziehen.

7 Für die Fliegenpilzglocke schneide den Saftkarton unten ab und beklebe ihn mit einer roten Serviette. Die Punkte und der weiße Rand werden nach dem Trocknen mit Strukturpaste aufgetupft.

SCHNEIDEN, KLEBEN, FALTEN UND COLLAGE

Vasen im Spaltschnitt

Erst vor zwei Wochen war Berenike in die 4b, die Klasse von Timmo und Ulrich, gekommen. Alle hatten sich ein bisschen gewundert, denn ein Mädchen mit einem so seltenen Namen hatten sie noch nie kennengelernt. „Ist Berenike denn ein richtiger Vorname?", wollte Timmo wissen. „Woher kommst du denn?", fragte Ulrich, dem es sofort auffiel, dass „Berenike" kein deutscher Name sein könne. „Aus Griechenland", antwortete das kleine Mädchen mit den dunklen Augen und schwarzen Locken, „und Berenike bedeutet Siegbringerin."

Zuhause erzählte Ulrich seinem Vater von der neuen Mitschülerin. Der zeigte Ulrich ein Buch mit griechischer Kunst. Wunderschöne Vasen waren darin zu sehen, die waren mit Menschen und Tieren bemalt und manche auch einfach mit geometrischen Mustern. „Die alten Griechen wollten, dass ihre Gefäße nicht nur nützlich, sondern auch schön sind", erklärte Ulrichs Vater. „Deswegen bemalten sie ihr Alltagsgeschirr mit feinen Mustern. Frag mal eure neue Mitschülerin, vielleicht kann sie dir etwas darüber erzählen."

ZIELGRUPPE 4. Klasse

LERNZIELE
- Erfinden einer antiken Vasenform
- Arbeiten im Hell-Dunkel-Kontrast
- Kennenlernen der Spaltschnitt-Technik: Hintergrund wird zum Vordergrund
- Ausdenken von verschiedenen Mustern
- Einsetzen von dünnen und dicken Linien
- Aufbauen eines formatfüllenden Gefäßes
- Ausdauer, Feinmotorik, Konzentration und Sorgfalt

Berenike lud Timmo und Ulrich am nächsten Samstag zu ihrem Geburtstag ein. Die beiden staunten, als sie im Flur der Wohnung eine riesige, wunderschöne griechische Vase erblickten. Sie war nur mit Linien und Mustern, darunter auch seltsamen Strichmännchen und Tieren, verziert. „Das ist eine Amphora, darin wurde früher der Wein aufbewahrt", bemerkte Berenike stolz. „Ist von meinem Vater, der erforscht alte Sachen; der ist nämlich Archäologe", fügte sie hinzu.

Timmo und Ulrich erfuhren an diesem Nachmittag noch, dass die große Vase dem so genannten geometrischen Stil angehöre und in der Zeit von etwa 800 bis 700 v. Chr. entstanden sei. „Dann ist die Vase ja 2700 Jahre alt", rechnete Ulrich. Am Abend bastelten alle drei mit Schere und farbigem Tonpapier eine griechische Vase im Scherenschnitt.

Wissenswertes

Griechische Vasen waren wegen ihrer Schönheit und Haltbarkeit in der gesamten antiken Welt sehr beliebt. Sie wurden sogar in andere Länder verkauft. Den Verstorbenen gab man Vasen in die Grabstätten mit, weil man glaubte, dass ihre Seelen weiterleben. Die Gefäße erfüllten je nach ihrer Form unterschiedliche Zwecke: Manche wurde zur Vorratshaltung, andere zum Mischen, Gießen oder Trinken benutzt.

Eine beliebte Vorratsform war die Amphora mit eiförmigem Körper, kräftigem Hals, elegantem Fuß und zwei großen Seitenhenkeln zum Hochheben.

Der Krater dagegen mit großer, weit geöffneter Kelchform, kleinem Fuß und zwei Henkeln wurde zum Mischen von Wein und Wasser verwendet.

Die griechischen Vasen, die du heute im Völkerkunde-Museum in München bewundern kannst, wurden bei archäologischen Ausgrabungen entdeckt.

Die Vasen des geometrischen Stils stammen aus dem 7. und 8. Jahrhundert v. Chr. Während dieser Zeit verzierten Künstler ihre Gefäße mit kleinen Dreiecken, Zickzack- oder Wellenmustern, Schachbrett-Verzierungen oder sogenannten Mäandern in unterschiedlicher Breite. Manchmal wurden auch einfach dargestellte Tiere und Menschen hinzugefügt.

Im schwarzfigurigen Stil malten die Griechen mit schwarzer Farbe auf den roten Tonscherben. Um 530 v. Chr. entwickelte sich der berühmte rotfigurige Stil. Die Figuren wurden aus dem roten Tongrund ausgespart und ihre Umgebung schwarz grundiert. Mit den Jahren wurden die griechischen Vasenmaler immer geschickter und malten ganze Alltags- oder Schlachtszenen auf ihre Tongefäße.

SCHNEIDEN, KLEBEN, FALTEN UND COLLAGE

Das brauchst du

- Tonpapiere und -kartons in je 1 x Orange und Schwarz
- Klebestift
- Schere, Lineal oder Geo-Dreieck®
- Bleistift, Spitzer, weicher Radiergummi
- Unterlage für das Kleben

So wird's gemacht

1 Nimm den Karton als Untergrund. Zeichne mit Bleistift auf ein andersfarbiges Tonpapier in die Mitte eine senkrechte Linie. Sie hilft dir dabei, die Umrisse deiner Vase symmetrisch zu zeichnen. Dein Gefäß wird durch das Aufkleben mit Zwischenräumen höher werden. Achte deshalb darauf, dass die Vase auf deiner Vorzeichnung nur Dreiviertel deines Blattes füllt, damit sie anschließend noch auf das Format deiner Unterlage passt.

2 Bringe an der Vase verschiedene Muster an (z. B. Zickzack, Treppen, Wellen, Streifen). Du kannst deine Muster mit der Hand zeichnen oder Lineal und Dreieck zuhilfe nehmen.

3 Schneide die Vase am Umriss und an den Musterlinien entlang sorgfältig aus.

4 Lege dir die einzelnen Teile in unterschiedlich weitem Abstand (Spalten) so zurecht, dass verschieden breite Musterlinien entstehen. Prüfe zwischendurch immer wieder, ob deine Vase insgesamt gut im Blatt sitzt.

5 Klebe die Teile sorgfältig auf. Vielleicht merkst du beim Kleben auch, dass du einige Teile weglassen möchtest, weil dann die Muster besser zur Geltung kommen.

SPALTSCHNITT

TIPP

Die Muster sollten sich mit der Schere gut ausschneiden lassen, also nicht zu kleinteilig sein.

Die Vorzeichnung gelingt dir leichter, wenn du dir die Vase mit nach oben geöffnetem Hals, eiförmigen Körper und einem Fuß vorstellst.

Probiere auch einmal eine orange Vase auf schwarzem Untergrund.

Drucken

PIA
GUTEN
APPETIT

LIEBER FREITAG
DU SOLLST MEI
NE REGENWÜ
RMER NICHT
IMMER SO
VERSALZEN DENN
SONST IST DAS
MEER IRGEND
WANN LEER
VON SALZ.
ROBINSON

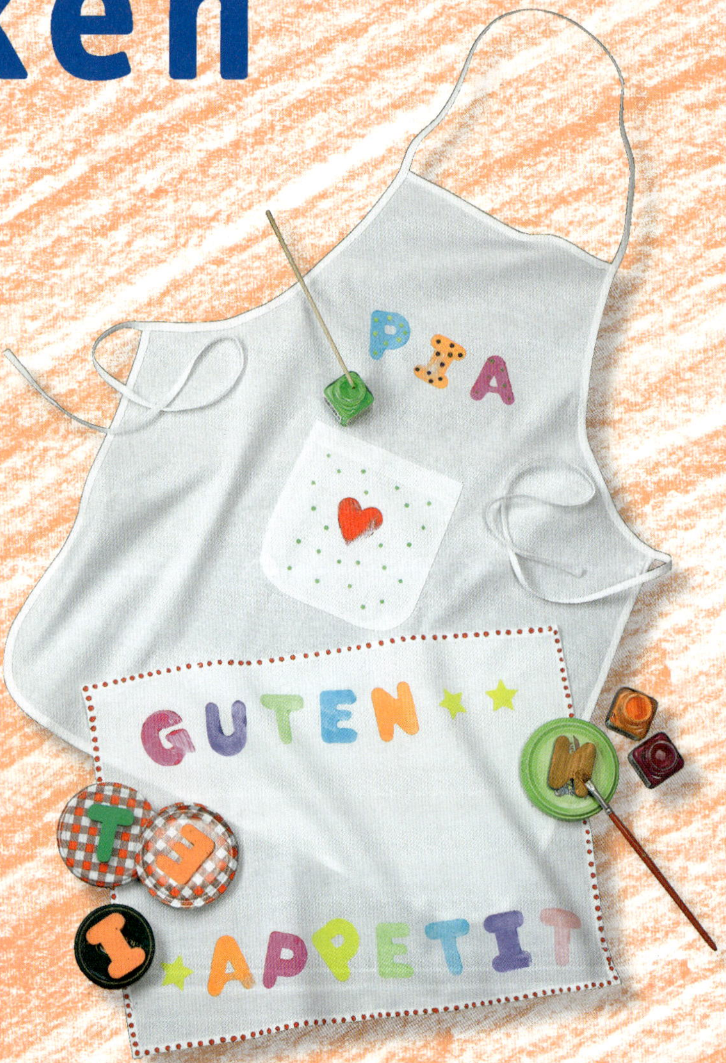

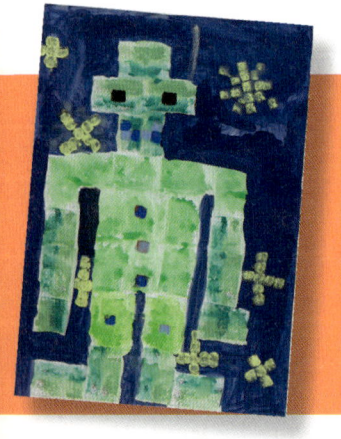

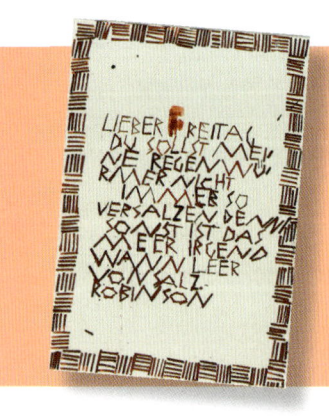

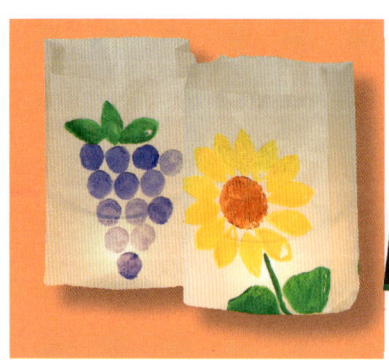

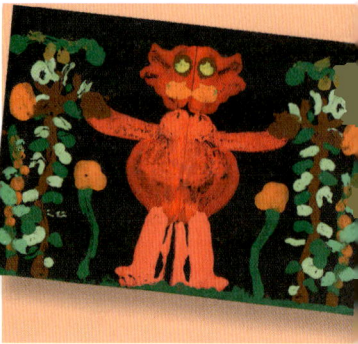

Der Vorteil des Druckens ist, dass du eine bestimmte Form immer wieder vervielfältigen kannst. Das ist so bei deinem gekauften Lieblingsstempel, das geht aber genauso mit selbst gemachten Druckstöcken. Vieles eignet sich dafür: Du kannst Moosgummi oder Kartoffeln in die gewünschte Form schneiden, Korken und Schwämme verwenden oder mit den Kanten von Balsahölzchen und Pappstreifen filigrane Abdrücke anfertigen. So vielfältig wie die möglichen Materialien, so abwechslungsreich sind auch die Ideen: Herbstfrüchte auf Windlichttüten, Bilder von Außerirdischen aus Schwammabdrücken oder ein Brief und ulkige Katzenbilder mit schmalen Kantenabdrücken.

Aber das Drucken bietet noch eine andere Möglichkeit: Du kannst auch Zufallsergebnisse erzielen. Dazu eignen sich gut der Klappdruck, wie wir ihn bei den Schmetterlingen und Monstern zeigen, oder der Spritzdruck, mit dem du ganz schnell und einfach Geschenkpapier verzieren, aber ebenso Bilder gestalten kannst.

DRUCKEN

Buchstabendruck mit Moosgummi

 **W**usstest du schon, dass ...

... der Name des Alphabets aus dem Griechischen kommt: von den ersten beiden Buchstaben Alpha und Beta?

... sich aus dem griechischen Alphabet das römische Alphabet mit 21 Buchstaben entwickelte, auf das unser lateinisches Alphabet zurückgeht?

... die Römer festlegten, dass man von links nach rechts schreibt?

... die Reihenfolge der Buchstaben des römischen Alphabets nicht mehr grundlegend verändert wurde, sondern nur an andere Sprachen angepasst? So kamen im Deutschen das W, Y und Z hinzu und zum I noch das J, zum U das V. Nun hat unser Alphabet 26 Buchstaben sowie die Umlaute Ä, Ö und Ü und das ß.

... dass es ein Buchstabier-Alphabet gibt? Weil manche Buchstaben wie M und N oder B, D und G leicht falsch verstanden werden, benutzt man dieses beim Diktieren von Namen, vor allem am Telefon. Dann sagt man nicht Schmidt, sondern Siegfried-Cäsar-Heinrich-Martha-Ida-Dora-Theodor. Das Buchstabieralphabet wurde erstmals vor 100 Jahren in einem Telefonbuch abgedruckt. Damals rauschte und knisterte es noch stärker in Leitungen als heute und man verstand sich schlechter. Bis auf wenige Veränderungen benutzen wir dieses Buchstabieralphabet noch heute. Manche Wörter erscheinen dir deshalb vielleicht etwas altmodisch.

ZIELGRUPPE
ab 1. Klasse

LERNZIELE

- ◆ Druckvorgang nachvollziehen: seitenverkehrtes Aufkleben der Buchstaben auf den Untergrund
- ◆ gleichmäßiges Auftragen der Farbe und gleichmäßiger Druck auf den Druckstock für optimale Druckergebnisse
- ◆ Anordnung der Buchstaben auf dem Untergrund, Spielen mit der Buchstabenbewegung
- ◆ Verzieren der Buchstaben in Kontrastfarben

Das brauchst du

- Schürze, Platzdeckchen o. Ä.
- Stoffmalfarbe
- Moosgummibuchstaben (Bastelladen)
- Holzstäbchen
- weicher Pinsel, Becher mit Wasser, Mallappen
- Konservenglasdeckel
- Klebstoff
- Unterlage
- Bügeleisen
- Küchenpapier

Das deutsche Buchstabier-Alphabet

Das ist das amtliche deutsche Buchstabier-Alphabet. Bei S und Z siehst du, dass sich die Wörter mit der Zeit verändern können.

A wie Anton	L wie Ludwig	U wie Ulrich
B wie Berta	M wie Martha	V wie Viktor
C wie Cäsar	N wie Nordpol	W wie Wilhelm
D wie Dora	O wie Otto	X wie Xantippe
E wie Emil	P wie Paula	Y wie Ypsilon
F wie Friedrich	Q wie Quelle	Z wie Zacharias
G wie Gustav	R wie Richard	(gebräuchlich: Zeppelin)
H wie Heinrich	S wie Samuel	
I wie Ida	(gebräuchlich: Siegfried)	Ä wie Ärger
J wie Julius		Ö wie Ökonom
K wie Kaufmann	T wie Theodor	Ü wie Übermut

MOOSGUMMIDRUCK

59

So wird's gemacht

1 Klebe die Buchstaben seitenverkehrt auf die Konservendeckel (oder auf Korken). Beachte dabei, dass dein Klebstoff für Moosgummi geeignet ist. Lass alles gut trocknen.

2 Bestreiche den Moosgummistempel mit Stoffmalfarbe und drücke ihn auf den Stoff. Wische übrig gebliebene Farbe vor einem Farbwechsel mit einem feuchten Lappen ab. Beim Wechsel von einem dunklen auf einen hellen Farbton solltest du den Stempel mit einer Nagelbürste unter fließendem Wasser reinigen und mit etwas Küchenpapier abtrocknen.

3 Muster kannst du mit einem Holzstäbchen aufdrucken. Trage vor jedem Abdruck wieder neue Farbe auf die Stäbchenspitze auf, so wird der Pünktchendruck gleichmäßig.

4 Lasse alles gut trocknen und reinige deine Druckstöcke. Damit die Arbeit lichtbeständig und waschfest wird, muss sie nach dem Trocknen ca. fünf Minuten lang von der Rückseite heiß und gut gebügelt werden. Bitte einen Erwachsenen darum.

TIPP

Du kannst auch selbst Motive aus Moosgummi zuschneiden. Verwende für größere Motive dicken Moosgummi mit einer Stärke von etwa 5 mm. Er lässt sich schwieriger schneiden, ist aber formstabiler. Dünnerer Moosgummi eignet sich nur für ganz kleine Motive.

Beim Zuschneiden eigener Moosgummistempel achte darauf, dass du die Schere nicht unnötig absetzt, sondern möglichst in einem Stück schneidest. Anderenfalls erhältst du Ecken und ungerade Linien.

DRUCKEN

Robinsons Briefe im Hölzchendruck

Robinson war froh, dass er auf der einsamen Insel endlich einen Gefährten gefunden hatte. Wie viele Tage war er einsam umhergeirrt, hatte Essbares gesucht, ohne sich jemals mit einem Menschen unterhalten zu können? Er wusste nicht mehr, wie sich seine eigene Stimme anhörte. Doch dann war Freitag aufgetaucht, dieser seltsame, misstrauische Eingeborene, der ihm anfangs etwas Angst eingejagt hatte, der aber selber wohl viel mehr Angst vor ihm hatte.

„Freitag" hatte Robinson den Eingeborenen genannt, weil er ihm an einem Freitag über den Weg gelaufen war. Aber mit der Verständigung klappte es noch nicht richtig. Freitag wollte für Robinson kochen. Doch die Regenwürmersuppe, die Freitag so liebte, konnte Robinson nicht ausstehen. Entweder sie war versalzen oder es war viel zu viel Regen mitgekocht, dass sie ganz labberig und dünn schmeckte. Robinson hatte Freitag mehrfach gebeten, etwas anderes zu kochen, aber Freitag stellte sich taub. So jedenfalls schien es Robinson.

Und jetzt hatte Freitag schon wieder diese schreckliche Suppe gekocht. Missmutig streifte Robinson durch das kleine Inselwäldchen, als ihm etwas einfiel: „Ich werde Freitag einen Brief schreiben. Den kann er jeden Tag lesen und sich daran erinnern, dass ich seine Suppe nicht mag." Aber womit schreiben? Stifte gab es auf der Insel nicht. Robinson überlegte. Da sah er ein kleines Holzstückchen auf der Erde liegen. Er hob es auf, tauchte es in etwas Schlamm und druckte in klaren Großbuchstaben seine Botschaft auf ein getrocknetes Palmenblatt. Er gab sich Mühe und druckte jeden Buchstaben mit Sorgfalt; schließlich sollte Freitag seinen Text gut lesen können. Als er fertig war, tat ihm Freitag ein bisschen leid. Hatte er zu scharf formuliert? Nochmals nahm er sein Schreibhölzchen und verzierte seinen Brief ringsum mit einem schönen Muster.

Möchtest du Robinson helfen? Dann schnappe dir ein Balsahölzchen, etwas Tinte und Papier und auf geht's!

ZIELGRUPPE
3. und 4. Klasse

LERNZIELE
- Kennenlernen einer einfachen Drucktechnik
- Schrift als Bild erfahren
- Zusammensetzen von Buchstaben aus einfachen Grundformen
- Übertragung runder Buchstabenformen in eckige
- Erstellen eines gleichmäßigen Schriftbildes
- Einblick in den Grundaufbau von Buchstaben
- Schrift in einer Fläche anordnen
- Erfinden eines originellen Textes

Das brauchst du

- Balsaholz-Streifen, 1 cm und 2 cm lang (Bastelbedarf/Modellbau)
- Tinte oder Tusche in Braun oder Schwarz
- festes, leicht saugfähiges Papier, A3
- Bleistift, weicher Radiergummi, Bleistiftspitzer
- Lineal, mindestens 30 cm lang
- Unterlage zum Ablegen des Hölzchens
- Schmierzettel

So wird's gemacht

1 Lass dir einen lustigen Text (ca. zwei Sätze) für Freitag einfallen. Du kannst ihn dir auf deinem Übungsblatt mit Bleistift notieren. Probiere alle Großbuchstaben des Alphabets zunächst auf einem Extrablatt. Die Buchstaben lassen sich mit einem 1 cm breiten Balsaholz aus zwei bis fünf Abdrucken zusammensetzen. Für durchgehende, lange Linien bei den Buchstaben A, N, M, W oder X kannst du auch das 2 cm breite Hölzchen verwenden. Halte das Holz zwischen Daumen und Zeigefinger fest. Tauche es in etwas Tinte und drucke dann vorsichtig mit der schmalen Kante aufs Papier.

2 Innerhalb der Worte lass wenig Platz zwischen den Buchstaben, zwischen den Worten etwas mehr. Die Zeilen dürfen dagegen wie ein Schriftteppich aneinanderstoßen.

3 Ähnliche Buchstabenformen (wie P, R, B oder N, M und W oder C und G) lassen sich zu „Familien" sortieren, d. h., wenn du ein P hinbekommst, klappen R und B auch. Beachte: Die Buchstaben sind unterschiedlich breit: I, E, F oder P sind schmaler als W und M.

4 Es gibt bei dieser Druckschrift keine Rundungen, sondern nur Ecken. Das „O" kannst du in ein Karo oder ein Sechseck verwandeln. Für manche Buchstaben gibt es mehrere Möglichkeiten, sie zu schreiben.

5 Miss auf dem anderen Blatt vom oberen Blattrand an beiden Seiten 13 cm nach unten ab und ziehe da deine erste Linie. Dann ziehe im Abstand von jeweils 2 Zentimetern weitere Linien, so dass du am Ende auf etwa elf Linien kommst. Zum unteren Blattrand sollte auch noch etwas Abstand sein. Lass zu beiden Seitenrändern einen etwa vier Finger breiten Platz.

6 Beginne mit dem Drucken der Buchstaben. Denke an die Anrede. Achte darauf, dass dein Hölzchen senkrecht aufs Papier druckt. Wenn es nicht mehr druckt, tauche es neu ein. Drucke die nächste Zeile ohne Abstand direkt unter die obere, aber versetzt, so dass deine Zeilen am linken und rechten Blattrand „flattern". Das gibt deinem Text ein lustiges Aussehen.

7 Wenn ein Wort nicht mehr in die Zeile passt, trenne es oder beginne eine neue Zeile. Verziere dein Werk mit einem schönen Musterrand, z. B. im Bambus-Look.

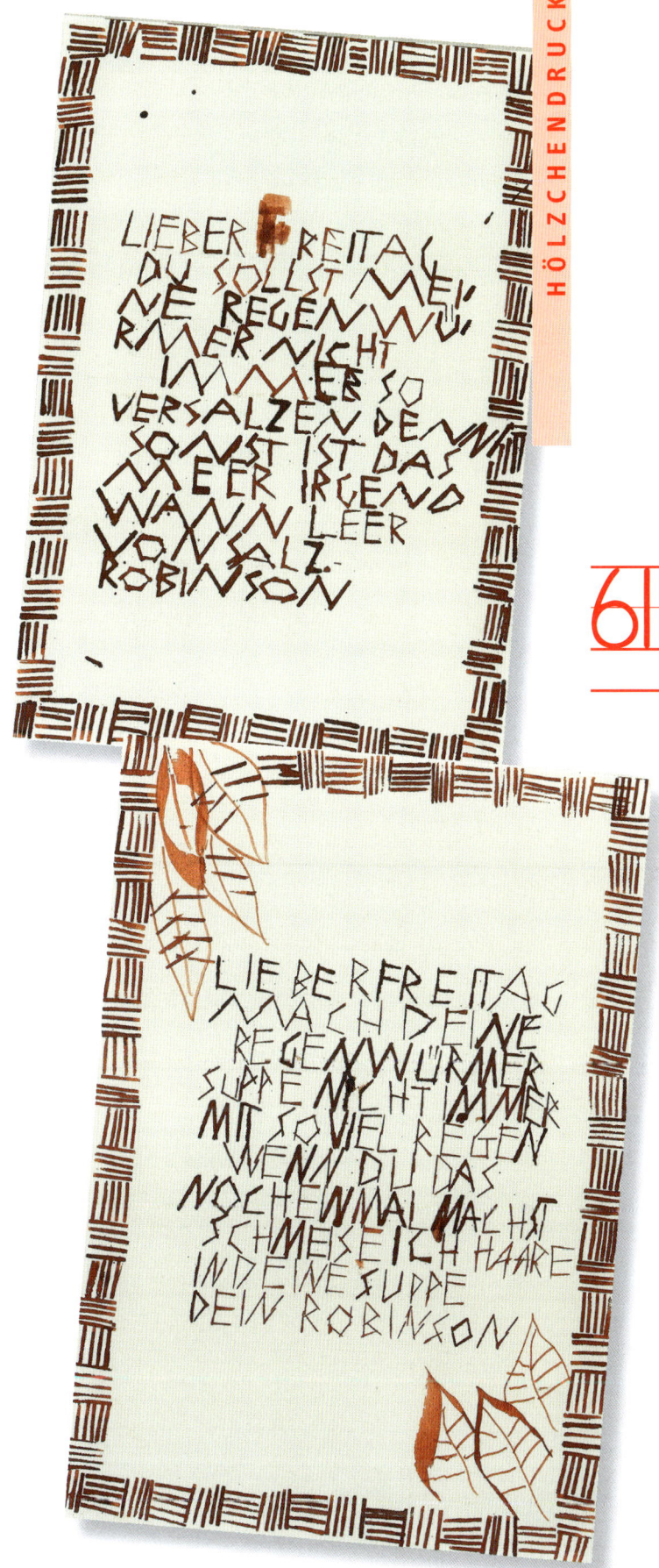

DRUCKEN

Herbstfrüchte im Kartoffeldruck

Wenn die bunten Blätter von den Bäumen wehen und der Wind die Äpfel, Kastanien und Eicheln zu Boden wirft, dann ist es Herbst.

Der Herbst ist die Zeit der Ernte. Auf den Feldern wird das Korn geschnitten, um daraus Mehl für Backwaren zu mahlen; der goldene Mais wird in Körben eingesammelt und auf den Weinbergen beginnt die Weinlese der süßen Trauben.

Am ersten Sonntag im Oktober, in den evangelischen Kirchen am 29. September, läuten die Glocken das Erntedankfest ein. Erwachsene und Kinder tragen große Körbe in die Gotteshäuser. Die Körbe sind mit Kartoffeln, Zwiebeln, Tomaten, Gurken, Äpfeln, Pflaumen, Birnen und Trauben prall gefüllt und mit farbigen Bändern geschmückt. Auch ein paar Getreideähren oder ein Leib Brot schauen heraus. Die Menschen stellen die Körbe auf den Altären ab, damit der Pfarrer die mitgebrachten Gaben segnen kann.

Das Erntedankfest hat eine lange Tradition: Schon in vorchristlicher Zeit feierten die alten Griechen, Römer und Juden das Einbringen der Ernte. Denn sie sicherte ihnen das Überleben.

Eines der bekanntesten Lieder zum Erntedank stammt von Matthias Claudius:

Wir pflügen und wir streuen den Samen auf das Land, doch Wachstum und Gedeihen steht in des Himmels Hand:
der tut mit leisem Wehen sich mild und heimlich auf und träuft, wenn heim wir gehen, Wuchs und Gedeihen drauf.
Alle gute Gabe kommt her von Gott dem Herrn, drum dankt ihm, dankt, drum dankt ihm, dankt und hofft auf ihn!

Das Gedicht drückt aus, dass es in Gottes Hand liegt, ob die Saat wirklich aufgeht. Sonne, Wind und Regen im richtigen Maß zusammen mit einem guten Boden sind Voraussetzung. Im Erntedankfest freuen wir uns über Wuchs und Gedeihen und sagen dafür Dank. Das bedeutet zugleich, dass wir selbst unseren Teil dazu beitragen, dass die Natur gesund bleibt.

ZIELGRUPPE ab 1. Klasse	LERNZIELE	◆ Vereinfachen der Obstformen ◆ Kennenlernen einer Vervielfältigungstechnik ◆ sorgfältiges Herstellen des Druckstockes	◆ additives Aufbauen von Formen ◆ Förderung der Konzentration

Das brauchst du

- Frühstückstüten
- Plaka- oder Acrylfarbe
- Kartoffeln, Ausstechformen
- kleines, spitzes Messer
- flacher Borstenpinsel, Becher mit Wasser
- Mallappen, Zeitung als Unterlage
- Schere und Papier für Schablonen

KARTOFFELDRUCK

So wird's gemacht

1 Schneide eine saubere Kartoffel in der Mitte durch. Die Schnittfläche muss glatt und gerade sein. Du kannst den Kartoffelhälften verschiedene Formen geben, benutze dazu Plätzchen-Ausstechformen oder selbst gemachte Schablonen.

2 Drücke mit etwas Kraft die Schneidefläche der Ausstechform 1 cm tief in die Schnittfläche der Kartoffel. Oder du legst eine Schablone auf und schneidest die Umrisse mit einen spitzen Messer nach (ganz gerade halten und ca. 1 cm tief einstechen). Schneide dann mit einem kleinen, spitzen Messer rund um die Ausstechform die Kartoffel weg und ziehe die Form heraus bzw. nimm die Schablone ab.

3 Presse die Schnittfläche vor dem Drucken mehrmals auf ein Tuch, damit sie trocken wird. Bestreiche nun mit einem Borstenpinsel die Aufdruckfläche gleichmäßig mit Farbe, drücke die Kartoffel fest auf den Stoff und hebe sie vorsichtig ab.

4 Vergiss nicht, vor dem Drucken etwas Zeitung in die Tüte zu stecken. Die Druckfläche der Kartoffel musst du vor jedem Aufdruck satt mit Farbe bestreichen. Für Schattierungen wie bei den Äpfeln und Birnen trage erst eine Farbe auf und gebe dann noch etwas von der anderen darüber. Stiele male mit dem Pinsel auf.

5 Nach dem Trocknen kannst du Teelichter in kleinen Windlichtgläsern in die Tüten stellen. Das ist eine hübsche Festdekoration!

DRUCKEN

Kätzchen im Hölzchendruck

Kleine Katzen sind so drollig
Und so wollig und so mollig,
Dass man sie am liebsten küsst.
Aber auch die kleinen Katzen
Haben Tatzen, welche kratzen.
Also Vorsicht! Dass ihr's wisst!

Kleine Katzen wollen tollen
Und die Wolleknäuel rollen.
Das sieht sehr possierlich aus.
Doch die kleinen Katzen wollen
Bei dem Tollen und dem Rollen
Fangen lernen eine Maus.

Kleine Katzen sind so niedlich
Und so friedlich und gemütlich.
Aber schaut sie richtig an:
Jedes Sätzchen auf den Tätzchen
Hilft, dass aus dem süßen Kätzchen
Mal ein Raubtier werden kann.

(James Krüss)

Katzen sind beides, anschmiegsam und eigensinnig. Sie fauchen und schnurren. Davon erzählt dieses Gedicht. Wenn du selber Katzen hast, weißt du es: Keine Katze gleicht der anderen. Sie unterscheiden sich nicht nur in ihrem Aussehen, sondern auch in ihrem Charakter. Damit sind sie uns Menschen sehr ähnlich. Nicht zufällig nennt man manche Menschen Schmusekatzen.

Bei den alten Ägyptern galten die Katzen aufgrund ihres geheimnisvollen Wesens und ihrer Schönheit sogar als heilig.

Wärst du gern einmal eine Katze? Wie würdest du aussehen und welchen Namen würdest du dir geben? Und welchen Namen hätte deine Katzenfreundin?

ZIELGRUPPE ab 1. Klasse

LERNZIELE

- ◆ Aufbauen eines formatfüllenden Tierporträts
- ◆ Einsetzen grafischer Mittel (z. B. Punkte, Linien, Dreiecke)
- ◆ Erfinden origineller Einzelheiten
- ◆ materialgerechtes Drucken und Zeichnen mit einem Hölzchen
- ◆ Ausprobieren linearer Strukturen und Muster
- ◆ Darstellen von verschiedenen Oberflächen (Fell, Mähne, Schnurrhaare)

Das brauchst du

- Balsaholz in unterschiedlichen Breiten
- Tinte oder Tusche
- leicht saugfähiges, dickeres Papier, mindestens A3
- Mallappen, Zeitung als Unterlage

So wird's gemacht

1 Lege dein Blatt im Hochformat auf den Tisch. Halte dein Balsahölzchen zwischen Daumen und Zeigefinger. Tauche es mit der Kante kurz in Tinte.

2 Beginne mit dem Kopf, indem du ihn aus den Abdrücken der Kante zusammensetzt. Du kannst für die Form des Kopfes ein Dreieck, ein Sechseck oder ein Viereck wählen. Achte darauf, dass der Kopf groß genug wird. Lasse oberhalb des Kopfes etwas Platz für den Namen der Katze.

3 Setze die Ohren und die Innenohren an den Kopf. Ergänze den Kopf mit Augen (Rauten), Pupillen (Strich), Wimpern, Nase, Maul und langen Schnurrhaaren. Wenn du willst, kannst du deiner Katze eine dicke Mähne mit Pony oder ein paar geflochtene Zöpfe geben. Oder du setzt ihr abstehende Igelhaare auf den Kopf.

4 Drucke den Umriss von Hals und Körper. Vielleicht sieht man auch einen Schwanz hinter dem Körper hervorkommen.

5 Überlege dir eine lustige Kleidung mit Kragen und/oder ein Halsband/Kette für deine Katze, z. B. einen Pelzmantel mit Knöpfen oder eine Jacke. Verziere die Kleidung mit Mustern, z. B. Fellstrichen, Punkten oder Karos.

6 Schau deiner Katze in die Augen. Sieht sie stolz oder verschmitzt, gefährlich oder verspielt, freundlich oder unnahbar aus? Erfinde einen für den Charakter deiner Katze passenden Namen und drucke ihn in Großbuchstaben über das Katzengesicht.

7 Lass dein Blatt gut trocknen.

HÖLZCHENDRUCK

TIPP

Nett sieht es aus, wenn du zwei unterschiedliche Katzentypen oder ein Pärchen aus Katze und Kater nebeneinander druckst.

Du kannst neben deine Katze eine Sprech- oder Denkblase setzen, in die du mit großen Druckbuchstaben hineinschreibst, was sie gerne tut oder gerne frisst. Oder du dichtest selbst einen Katzenreim dazu.

Für Fortgeschrittene: Setze die Augen deiner Katze in die Mitte des Kopfes.

DRUCKEN

Besprenkeltes Geschenkpapier

Die Geschichte des Schenkens ist uralt. Das Wort „Schenken" leitet sich vom Begriff „Einschenken" ab. Bei den alten Römern galt der eingeschenkte Wein genauso als Geschenk wie der Trinkbecher, der nach der Feier mitgenommen werden durfte. Eine besondere Geschenkkultur haben die Japaner entwickelt. Sie umhüllen ihr Geschenk so geschickt mit gemusterten Papier und kunstvoll geknüpften Schnüren, dass die Verpackung sich später ganz leicht vom Geschenk lösen lassen kann.

Was du bei der Auswahl deines Geschenkes beachten solltest, hat der Schriftsteller Joachim Ringelnatz in ein Gedicht geschrieben:

Schenke groß oder klein,

Aber immer gediegen.

Wenn die Bedachten

Die Gaben wiegen,

Sei dein Gewissen rein.

Schenke herzlich und frei.

Schenke dabei

Was in dir wohnt

An Meinung, Geschmack und Humor,

So dass die eigene Freude zuvor

Dich reichlich belohnt.

Schenke mit Geist ohne List.

Sei eingedenk,

Dass dein Geschenk

Du selber bist.

(Joachim Ringelnatz)

ZIELGRUPPE ab 1. Klasse

LERNZIELE
- phantasievolles Entwerfen und sorgfältiges Ausschneiden der Faltschnitte
- ausgewogenes Anordnen der Faltschnitte
- Kennenlernen des Siebdrucks/Spritzdrucks
- Experimentieren mit Zufallsergebnissen
- Arbeiten mit Überschneidungen

Das brauchst du

- einfarbiges Geschenk- oder Packpapier
- dünnes Papier (für Faltschnitte)
- Schere
- Borstenpinsel oder Zahnbürste, evtl. feines Küchensieb
- dünnflüssige Farbe
- ablösbare Klebepads, z. B. UHU patafix
- altes Hemd o. Ä., Mallappen, Zeitung als Unterlage

TIPP

Das Arbeiten mit Bürste und Sieb nennt man auch Siebdruck. Vorsicht! Wenn Farbe neu aufgetragen wird, gibt es oft Patzer auf dem Papier, deshalb das Sieb öfter umdrehen.

So wird's gemacht

1 Fertige aus dreimal in der Mitte zusammengefalteten Papierkreise Faltschnitte an (siehe Skizze Seite 37). Einige Schneidebeispiele findest du auf Seite 157. Die schwarz markierten Flächen werden nach dem Falten herausgeschnitten. Je nach Jahreszeit oder Anlass kannst du Blumen, Herzen, Sterne, Schneeflocken usw. ausschneiden.

2 Decke deinen Arbeitsplatz gut mit Zeitungspapier ab und breite das Geschenkpapier bzw. die Geschenktüte aus. Damit die Faltschnitte glatt auf dem Papier liegen, befestige sie mit kleinen UHU patafix-Stücken. Nur bei flach liegenden Faltschnitten erhältst du klare Ränder und spritzt nicht auch unter das Motiv.

3 Nun geht das Sprenkeln los: Tauche einen alten Borstenpinsel oder eine Zahnbürste in die dünnflüssige Farbe. Streiche überschüssige Farbe an einem Küchentuch ab. Fahre dann mit der Daumenkuppe über die Borsten oder streiche die Borsten über ein feines Küchensieb. Streiche solange über den Pinsel oder bürste so lange auf dem Sieb auf und ab oder im Kreis, bis dir das Muster auf dem Papier gefällt. Lasse alles gut trocknen. Wenn du es eilig hast, kannst du mit einem Föhn nachhelfen.

DRUCKEN

Roboter im Schwammdruck

"Einmal auf die Erde kommen und sich dort alles ansehen!" Das Robotermädchen Vanda schaute sehnsüchtig ins Weltall. Sie wohnte auf dem Planet Venus, wie all die anderen Roboterfrauen und Mädchen. Ihr ganzer Körper bestand nur aus Kugeln und Ovalen in Rot- und Gelbtönen, alles Apparate, die der große Robotix für sie geschaffen hatte. Sie war in der Lage, in ihrem Bauch Geschirr zu spülen und konnte sogar Auto fahren und Mathematikaufgaben lösen. Aber was sollte sie mit all den Maschinen in ihrem Inneren anfangen? War sie doch eigentlich dafür geschaffen, einem Menschen zu helfen.

Sie hatte schon oft mit Mork vom Mars über ihre Sehnsucht gesprochen. Mork dachte wie sie, wenn er auch ganz anders aussah: Sein Körper war vollständig aus blauen und grünen Rechtecken und Quadraten aufgebaut. Aber obwohl er damit so ungelenkig wirkte, war er sehr sportlich. Besonders gern ließ er den Fußball auf seinen eckigen Armen und Beinen tanzen oder nahm ihn in den Arm, weil er so schön rund war. Wenn er lachte, krachten die Würfel, aus denen er bestand, immer ein wenig. Dann musste auch Vanda sehr lachen.

"Mal schauen, ob mir Mork eine Nachricht hinterlassen hat", dachte sie und sah zugleich auf ihre kleinen Knöpfe, die rot leuchteten.

Vanda stellte ihre Antenne auf Empfang und empfing ein Zeichen von Mork. Er plante, noch heute auf die Erde zu fliegen und fragte, ob sie mit ihm kommen wolle? Vanda überlegte nicht lange. Dreimal „Ja" tönte ihre blecherne Stimme durchs All und ließ bei Mork alle kleinen und großen eckigen Lampen auf einmal blau aufleuchten.

Nur wenige Stunden später flogen Vanda und Mork voller Freude gemeinsam zur Erde. Vielleicht findest du sie, wenn du es dir sehr wünschst... Vanda erkennst du an den kleinen und großen Kreisen und Mork an den vielen Vierecken. Und auch farblich sehen beide recht unterschiedlich aus. Erinnerst du dich?

68

ZIELGRUPPE
3. und 4. Klasse

LERNZIELE
- Aufbauen eines formatfüllenden Roboters aus geometrischen Grundformen
- Zusammensetzen von Formen
- phantasievolles Ausschmücken
- Einhalten der Farbton- und Formbeschränkung
- Übertragung einfacher geometrischer Grundformen auf menschliche Proportionen
- verschiedene Druckvarianten ausprobieren: Sanftes Abdrucken, Übereinanderdrucken, Wischeffekte

Das brauchst du

- Schwämme in verschiedenen Größen und geometrischen Formen
- Schere zum Zerschneiden der Schwämme
- Gouache- oder Temperafarbe
- 2 Pinsel zum Auftragen der Farbe auf den Schwamm
- festes Papier (ca. 170 g/m²), 50 cm x 70 cm
- Becher mit Wasser, Mallappen
- Zeitung als Unterlage
- Pappteller oder Mischpalette

So wird's gemacht

1 Lass dir beim Zurechtschneiden der Schwämme von einem Erwachsenen helfen. Lege dir die Formen für Vanda und Mork an verschiedenen Orten zurecht, damit du den Überblick behältst. Am besten, du nimmst für Vanda und Mork jeweils ein anderes Blatt.

2 Bevor du anfängst, überlege dir die Blattaufteilung. Der Kopf passt etwa sechs Mal in den Körper hinein. Denke an alle Körperteile deines Roboters: Kopf mit Gesicht, Ohren und Haare, Hals, Oberkörper, Unterkörper, Oberschenkel, Unterschenkel, Füße/Schuhe, Oberarm, Unterarm, Hände mit Fingern.

3 Probiere auf einem extra Blatt verschiedene Druckvarianten aus: Abdrucken, Wischen, Übereinanderdrucken.

4 Verziere deinen Roboter mit Knöpfen, Schalthebeln und Antennen und was immer dir einfällt. Das kannst du einfach in einer zweiten Schicht über den ersten Abdruck setzen, wenn die erste Farbschicht getrocknet ist.

5 Gestalte einen Hintergrund für deine Figur, das Weltall oder eine Landschaft auf der Erde.

TIPP

Wenn du keinen Hintergrund malen möchtest, nimm einen farbigen Fotokarton als Untergrund.

Probier auch mal das als Schwammdruck aus: Bäume im Herbst, eine Zauberblume, ein Clownsgesicht, Herz oder Geschenkpapier (auf Paketpapier drucken).

SCHWAMMDRUCK

DRUCKEN

Tierisches und Ulkiges im Klappdruck

Die alten Meister der bildenden Künste wollten bei ihren Gemälden nichts dem Zufall überlassen. Sie arbeiteten in großen, hellen Ateliers. Selbst wenn sie Bäume, Blumen oder Berge malten, gingen sie mit ihrer Staffelei nicht in die Natur hinaus. Erst in der Mitte des 19. Jahrhunderts haben zwei berühmte Dichter entdeckt, dass durch Zufall spannende Bilder entstehen können. Justinus Kerner und Victor Hugo aus Frankreich malten Zufallsbilder mit Tinten- und Tuscheklecksen. Justinus Kerner erfand dabei die sogenannte Klecksographie. Er nahm ein Papier, kleckste etwas Tinte darauf und faltete es in der Mitte zusammen, so dass spiegelgleiche Bilder entstanden. Von den Formen ließ er sich dann zu seinen Gedichten anregen. Im 20. Jahrhundert schließlich gab es viele Künstler, die den Zufall für ihre Kunst nutzten. Viele von ihnen werden heute als Dadaisten oder Surrealisten bezeichnet. Die bekanntesten sind Max Ernst, Joan Miró, Hans Arp, Marcel Duchamp und Jackson Pollock. Schau dir in Museen oder in Kunstbüchern in der Bibliothek einmal ihre Werke an!

ZIELGRUPPE ab 1. Klasse

LERNZIELE
- Kennenlernen eines Druckverfahrens
- Ausdeuten von Zufallsergebnissen
- phantasievolles Arbeiten
- Arbeiten in Farbkontrasten
- Entwerfen und sorgfältiges Ausschneiden von Formen (Schmetterlinge)
- Hervorhebung der Symmetrie durch Faltschnitt (Schmetterlinge)

Das brauchst du

- Papier in Weiß (Schmetterlinge) oder Schwarz (Monster)
- Tempera-, Plaka- oder Acrylfarbe
- Pinsel, Becher mit Wasser, Mallappen
- altes Hemd o. Ä., Zeitung als Unterlage

So wird's gemacht

1 Die Monster sind als Abklatschdruck entstanden. Besonders toll wirken sie auf schwarzem Papier. Knicke das Papier in der Mitte und öffne es wieder. Nun beginnst du mit dem Auftragen der Farbe: Male auf eine Seite des gefalteten Papiers einen Teil der Figur und klappe das Papier zusammen. Du erhältst einen Farbabdruck auf der anderen Seite. Fahre so fort, bis dir deine Figur gefällt. Wenn du noch Muster aufsetzen möchtest, lasse die Farbe kurz antrocknen und trage dann die zweite Farbschicht auf. Vergiss auch eine phantasievolle Landschaft um das Monster herum nicht!

2 Bei den Schmetterlingen wird die Farbe nicht aufgemalt, sondern mit Pinsel aufgespritzt. Du kannst auch dünnflüssige Farbe auf deinen Pinsel nehmen und sie auftropfen. Auch für die Schmetterlinge wird nur eine Seite des vorher gefalteten Papiers gestaltet und die Farbe durch Zusammenklappen auf die andere Seite übertragen. Gucke dir dein Werk dann an und überlege dir, welche Tierform du ausschneiden möchtest. Wir haben uns für Schmetterlinge entschieden, weil deren symmetrische Form durch das Muster gut zur Geltung kommt. Zeichne die Form mit Bleistift auf eine Seite des zusammengeklappten Papiers und schneide sie sauber aus.

TIPP

Mit den Schmetterlingen kannst du auch Geburtstagskarten verzieren!

Probiere auch mal das aus: Falte dein Papier der Länge nach und bemale den unteren Teil blau, das ist das Wasser. Gestalte nach dem Trocknen den oberen Teil mit einer Landschaft, Häusern oder Menschen und Tieren, die am Wasser entlang laufen. Male sie bis direkt an den Falz, achte immer darauf, dass die Farbe nicht eintrocknet, bevor du das Blatt wieder zusammenklappst. Du erhältst durch das Klappen einen Abdruck auf der „Wasserfläche" und es sieht wie eine Spiegelung aus.

Plastisches Gestalten

Das plastische Gestalten ist vielseitig – und das macht es richtig spannend! So kannst du aus Verpackungsresten witzige Müllmonster bauen oder tierische Masken für die nächste Mottoparty basteln. Aber auch das klassische Modellieren mit FIMO®, lufttrocknender Modelliermasse oder Ton gehört dazu. Es ist gar nicht so einfach, aus einem Klumpen Modelliermasse einen Hasen oder einen Schmetterling zu formen, aber wenn du dir genau anschaust, wie ein Tier aussieht und aus welchen Körperteilen es aufgebaut ist, gelingt es dir bestimmt!

Geübte können sich an Theaterpuppen wagen, deren Köpfe aus Pappmaché gefertigt werden. Das Ausformen der kleinen, großen, spitzen und breiten Nasen, das Anmalen des Gesichts und das Aussuchen und Entwerfen der passenden Kleider und Accessoires macht riesigen Spaß!

PLASTISCHES GESTALTEN

Müllmonster

„Wie gut habe ich geschlafen!" Das Müllmonster Murksi reckt und streckt sich, bis es aus allen Gelenken nur so scheppert und knirscht. Schwerfällig erhebt es sich von dem riesigen Müllberg, auf den es sich zur Nachtruhe niedergelassen hatte. Müll purzelt zur Seite. Murksi schüttelt sich und fegt mit einer kurzen Handbewegung die Reste von seinem Körper. Überall an ihm hängen Fetzen von Müll, leere Eierkartons, Blechdosen und Verpackungen in jeder Größe, Form und Farbe. Kaum hat es sich wieder aufgerichtet, fängt Murksi an, mit seinen übergroßen Händen im Müll zu buddeln und zu graben. „Erst mal richtig gut frühstücken. Was habe ich für einen Monsterhunger!"

Zufrieden blickt Murksi auf den Müllberg, der über Nacht schon wieder beträchtlich angewachsen ist. „Ich mache heute ein Spiel; ich fresse mit geschlossenen Augen", ruft Murksi mit durchdringender Stimme über den Müllberg.

Dann schließt es seine Augen und schaufelt mit beiden Händen Müll zu seinem Riesenmaul. „Hmm, lecker, so schmeckt es mir", säuselt Murksi und saugt den Gestank befriedigt ein. Dann verschwindet in weniger als einer Sekunde die riesige Schaufelhand in seinem Müllmaul, es knackt, zischt und kracht und kurz darauf gluckert und gluckst es merkwürdig. Murksi räuspert und hüstelt, zischt und zuckt und zieht dabei seine Stirn erschrocken in Falten. „Was ist das? Das kann doch nicht wahr sein", denkt es „Hat da wirklich jemand von diesen Menschen Glasflaschen auf meinen Müllberg geworfen? Igitt, igitt, vermurkst noch mal!" Dann hält das Müllmonster kurz die Luft an und spuckt eine grüne Flasche aus. Grimmig schüttelt es den Kopf:

ZIELGRUPPE
3. und 4. Klasse

LERNZIELE
- Auswahl geeigneter Verpackungen
- phantasievolles Arbeiten
- Übertragen der Fundstücke auf Körperbestandteile
- Experimentieren mit unterschiedlichen Formen
- Erkennen der Mehrdeutigkeit von Formen
- Schulung des räumlichen Vorstellungsvermögens

„Dass sich diese Menschen nicht merken können, dass ich kein Glas vertrage! Dafür gibt es doch die Glascontainer! Vermurkst, vermurkst, vermurkst noch mal!" Dann beruhigt es sich wieder und legt sich für ein Schläfchen auf die Seite. Von weitem ist Murksi kaum von dem Müllberg zu unterscheiden. Wenn da nicht sein Schnarchen wäre, das den Berg zum Wackeln bringt.

Was wird aus unserem Müll?

Es wäre praktisch für uns Menschen, wenn es für all unsere Müllprobleme Monster gäbe. Sie würden unseren Müll einfach auffressen. Leider ist dies nicht der Fall. Um möglichst viele Stoffe wieder verwerten zu können, sortieren wir daher den Müll: Obst- und Gemüseabfälle in die Biotonne, das Papier zum Altpapier, Glas zum Container, Plastikabfälle in den Gelben Sack und Restmüll in den Abfalleimer. Batterien, Lack- und Spraydosen gehören zum Sondermüll und müssen zu bestimmten Sammelstellen gebracht werden. Sondermüll kann nur zum Teil verbrannt werden. Nicht brennbare, giftige Stoffe müssen auf Sondermülldeponien in der Erde eingelagert werden.

Der Biomüll wird durch den Einsatz von kleinen Tierchen, sogenannten Mikroben, zu Dünger, während das Papier zu Kartons und Zeitungen verarbeitet wird. Aus Altglas werden neue Flaschen, und der Restmüll wird verbrannt. Dabei entsteht heißes Wasser, dann Wasserdampf und schließlich wertvoller Strom. Durch das Sortieren von Müll in eurem Haushalt leistest du einen wertvollen Beitrag zum Erhalt der kostbaren Rohstoffe unserer Erde.

PLASTISCHES GESTALTEN

Das brauchst du

- verschiedene Verpackungen: Schuh- oder Saft- und Milchkartons, Toilettenpapierrollen, Eierschachteln, Dosen, Lieferboxen für Essen, Überraschungseikapseln, Joghurtbecher, Brausetablettenröhrchen, Flaschen und Flaschendeckel, Werbe-CDs
- Alleskleber
- evtl. starkes doppelseitiges Klebeband
- Papierreste
- Draht, Schnur und Kordel
- Alufolie
- Pinsel, Becher mit Wasser
- Plaka-, Tempera- oder Acrylfarbe
- evtl. wasserfeste Filzstifte

So wird's gemacht

1 Hier ist deine Phantasie gefragt, denn je nachdem, was du an leeren Verpackungen zusammentragen kannst, wird dein Müllwesen immer wieder anders aussehen.

2 Du kannst Kartons zusammenkleben und Arme und Beine aus Dosen, Joghurtbechern oder Toilettenpapierrollen ansetzen.

3 Für die Augen und Nasen eignen sich gut Überraschungseikapseln oder Flaschendeckel, die du am Rand mit Klebstoff bestreichst.

4 CDs, wie du sie oft als Werbung in Zeitschriften oder in Elektrogeschäften findest, lassen sich vielseitig zum Basteln einsetzen. Bei der Biene werden sie als Flügel in mit dem Messer eingeschnittene Schlitze geklebt. Auch als Kopfform oder als große Augen eignen sie sich gut.

5 Lustig sehen auch hervorstehende Augen und Nasen aus Hexentreppen aus. Dafür klebst du zwei gleich breite und gleich lange Papierstreifen rechtwinklig aufeinander. Nun den unten liegenden Streifen (hier weiß) über den oben liegenden (rot) falten. Der Streifen der anfangs oben lag (rot), liegt nun unten und wird wieder über den oberen gefaltet. So fährst du fort, bis die Hexentreppe die gewünschte Länge hat. Damit sich die Hexentreppe nicht löst, kannst du die letzten Lagen zusammenkleben.

6 Am Schluss kannst du dein Müllwesen bemalen und Zähne, Münder und Zungen aus Papier oder Alufolie ankleben.

MÜLL

PLASTISCHES GESTALTEN

Masken aus Papptellern

Tina und Toni freuen sich. Heute dürfen sie mit Opa und Oma in den Zoo. Opa hat belegte Brötchen und Kirschtee in seinen Rucksack gepackt. „So können wir den ganzen Tag im Zoo verbringen", erklärt er.

Am Zoo angekommen kauft Opa nicht nur die Eintrittskarten, sondern auch einen Lageplan. Darauf ist zu sehen, an welchen Stellen man seine Lieblingstiere finden kann. Gleich hinter dem Eingang sitzt in einem großen Käfig auf einem Kletterbaum eine Blaustirnamazone. Das ist ein grüner Papagei mit türkisen Federn am Kopf. Tina bückt sich nach einem kleinen Zweig und reicht ihn dem Papagei. Der nimmt den Zweig mit dem Schnabel freudig auf, legt ihn in seine kleinen Krallen und beginnt daran zu nagen. „Das ist gut", sagt Opa, „Papageien brauchen immer Beschäftigung, um sich wohlzufühlen."

Als nächstes kommen sie zum Pinguinhaus. Durch eine Glasscheibe können sie den Jungtieren beim Schwimmen zusehen. Opa drückt seine Nase so dicht an die Scheibe, dass sie beschlägt. Die kleinen Frackträger sehen wirklich lustig aus. „Warum schwimmen sie in einem Glashaus?", fragt Toni. „Damit sie es schön kalt haben", erklärt Opa. „Die Pinguine stammen vom Südpol und leben in freier Natur im Eis. Um hier überleben zu können, muss ihnen der Zoo ähnliche Bedingungen bieten."

Danach besuchen sie das Gehege der Löwen. Toni zeigt auf den Löwen mit der größten Mähne: „So einen will ich auch haben." Aber Oma protestiert lachend: „Weißt du nicht, wie gefährlich Löwen sind? Die Wärter brauchen eine besondere Ausbildung, damit die Löwen ihnen nichts tun."

ZIELGRUPPE ab 2. Klasse

LERNZIELE
- ◆ Verwandeln von Papptellern in Tiergesichter
- ◆ Erkennen der typischen Merkmale eines Tieres
- ◆ Umsetzen mit einfachen Recycling- und Bastelmaterialien
- ◆ Verstärken der plastischen Wirkung durch das Aufkleben von 3D-Material
- ◆ Schulung des räumlichen Vorstellungsvermögens

Im Nachbargehege ziehen die gestreiften indischen Tiger unter hohen Kiefern ihre majestätischen Kreise. „Also ungefährlich sehen die auch nicht aus", meint Tina. „Aber schön und stark sind sie", sagt Toni. „Ausgewachsene Tiger können bis zu sechs Meter weit springen."

Nach einem Abstecher zu den bunt gescheckten, langhalsigen Giraffen erreichen Oma, Opa, Tina und Toni das Pandabärengehege. Die Pandamutter hat gerade geworfen, denn zwei niedliche, schwarz-weiß gescheckte Pandababies kuscheln an ihrer Seite. Oma ist entzückt. „Pandabären stehen unter Naturschutz, ihre Heimat ist China, ihre Lieblingsspeise ist der Bambus, sie gehören zu den seltensten Tieren der Welt", liest Opa auf dem Schild neben dem Gehege. „Es ist etwas besonderes, wenn ein Tier im Zoo Junge bekommt", fügt er hinzu, „schließlich leben die Tiere hier in Gefangenschaft." „Aber sonst könnten wir viele von ihnen doch gar nicht kennenlernen", wirft Tina ein, „wer von uns kann denn schnell mal nach China oder Afrika fahren?" „Ihr habt recht," sagt Opa, „aber umso wichtiger ist es, dass die Zootiere so gehalten werden, dass es ihnen gut geht. Aber es gibt noch einen anderen Grund, weshalb die wilden Tiere im Zoo sind: Manche Tiere wie Pandas oder Tiger haben in ihrer Heimat kein Zuhause mehr, weil die Menschen sie jagen oder aus ihrem Lebensraum vertreiben. Im Zoo sind sie sicher und können überleben."

Mit Papptellern, Farbe, Papier und **Recyc**lingmaterialien lassen sich alle Tie**re des** Zoos nachbasteln!

PLASTISCHES GESTALTEN

Das brauchst du

- Pappteller
- lösungsmittelhaltiger Bastelklebstoff
- Acrylfarbe
- Plüsch, Leder, Filz, Federn
- Bast
- Recycling-Materialien: Eierschachtelpappe, Joghurtbecher, Überraschungseikapseln usw.
- Bleistift, Schere
- Gummiband
- Pinsel, Becher mit Wasser, Mallappen
- altes Hemd o. Ä., Zeitung als Unterlage

So wird's gemacht

1 Schaue dir das Tier, das du anfertigen möchtest, vor dem Basteln genau an. Dabei helfen Tierbücher, Bilder sowie Holz- und Stofftiere. Wie sieht der Kopf des Tieres aus? Welche Farbe haben die Augen, wie weit stehen sie auseinander, wo sitzt der Schnabel oder die Schnauze, wo sitzen die Ohren usw.? Messe auch den Abstand deiner Augen aus, damit du an den richtigen Stellen Löcher einschneiden kannst.

2 Für die Pandamaske grundierst du nach dem Ausschneiden der Augenlöcher (mit einer Nagelschere) den Teller weiß und bemalst ihn nach dem Trocknen. Für die Schnauze eignen sich Eierkartons, Joghurtbecher, Überraschungseikapseln, Toilettenpapierrollen usw. Schau dich einfach um, was du im Haushalt findest! Die Schnauze kann man anmalen oder mit Papier, Plüsch oder Leder bekleben. Vergiss auch die Pandaohren und die Münder nicht. Du kannst sie aufmalen oder aus Wolle oder Filz aufkleben.

3 Du kannst die Pandamaske auch mit Plüsch gestalten. Schneide wieder erst die Augen aus dem Pappteller und lege diesen dann verkehrt herum auf die Rückseite des Plüsches. Zeichne die Augenöffnungen und den Tellerrand auf und schneide den Plüsch aus. Auch für die Augenflecken und Ohren kannst du Plüsch verwenden.

4 Für die Pinguinmaske schneidest du wieder die Augenöffnungen ein und bemalst die Fläche dann mit Pinsel und Farbe. Je nachdem, welche Pinguinart du dir ausgesucht hast, gestaltest du nun den Schnabel, z. B. in Rot oder Orange aus Eierkarton, und setzt Haare aus Bast an.

5 Bei der roten Papageienmaske (Seite 79) werden zuerst die Augenöffnungen eingeschnitten und danach rund herum Federn aufgeklebt. Um die Augen kannst du die typischen Linien mit Filzstift oder Pinsel und Farbe malen. Der Schnabel ist aus Recyclingmaterialien zusammengesetzt. Hier wurde Eierschachtelpappe verwendet, die man formen kann, wenn man sie etwas anfeuchtet.

6 Für den bunten Papageienkopf benötigst du drei Pappteller. In einen schneidest du die Augenöffnungen und klebst am Rand entlang Federn auf. Dann legst du ihn auf den anderen Teller und markierst dir die Stellen, an denen die Augenöffnungen sind. Schneide sie wieder aus und schneide den Rand des Tellers wellig ab. Diesen kleineren Teller klebst du dann auf den größeren und verdeckst damit die Ansätze der Federn. Aus dem dritten, bemalten Pappteller schneidest du den Schnabel, knickst ihn zurecht und klebst ihn fest.

7 Damit die Maske festhält, knotest du ein Gummiband an. Stich dafür an jeder Seite des Papptellers ein Loch ein, weite es evtl. mit einem Holzstäbchen, ziehe die Enden des Gummibandes durch die Löcher und mache dicke Knoten hinein.

PLASTISCHES GESTALTEN

Hase und Igel modellieren

Erinnerst du dich an die Geschichte vom Hasen und vom Igel? Bei einer zufälligen Begegnung auf dem Acker macht sich der Hase über die krummen Beine des Igels lustig. Der Igel ärgert sich darüber sehr. Was kann er dafür, dass seine Beine von Natur aus krumm sind? „Du bildest dir wohl ein, du könntest mit deinen Beinen mehr ausrichten", fragt er den Hasen. Prahlerisch antwortet der: „Das will ich meinen." So schlagen sie ein in die Wette, wer von beiden schneller laufen könne. Auf den Gewinner warten ein Golddukaten und eine Flasche Branntwein.

Seine langen Hinterbeine machen ihn blitzschnell: Der Hase erreicht Geschwindigkeiten von bis zu 70 km/h!

Seiner Schnelligkeit wegen ist der Igel nicht bekannt. Wenn Gefahr droht, kugelt er sich stattdessen zusammen und seine 6000 Stacheln stehen in alle Richtungen ab.

Bei dem folgenden Wettlauf läuft der Igel nur ein paar Schritte, hat aber am Ende der Strecke seine ihm zum Verwechseln ähnlich sehende Frau versteckt. So kommt es, dass sie dem ins Ziel stürmenden Hasen entgegenruft: „Ich bin schon da." Der Hase will sich die Niederlage nicht eingestehen und fordert Revanche, 73 Mal. Immer wieder gewinnt der Igel, weil entweder der Igelmann oder seine gleich aussehende Frau zuerst am Ziel ist. Beim 74. Mal bricht der Hase tot zusammen. Igelmann und Igelfrau nehmen ihren Gewinn und gehen vergnügt heim. Und wenn sie nicht gestorben sind, dann leben sie noch heute.

ZIELGRUPPE
1. und 2. Klasse (Igel)
3. und 4. Klasse (Hase)

LERNZIELE
- Erkennen der typischen Merkmale eines Tieres
- Vereinfachen der Tierform
- Förderung der Feinmotorik
- Schulung des räumlichen Vorstellungsvermögens
- ausdauerndes und konzentriertes Arbeiten

Das brauchst du

- Ton oder Modelliermasse
- Modellierhölzchen
- evtl. Wasser und Pinsel (für Tonschlicker)
- Brettchen als Unterlage
- Buntstift o. Ä. (Löcher einstechen)

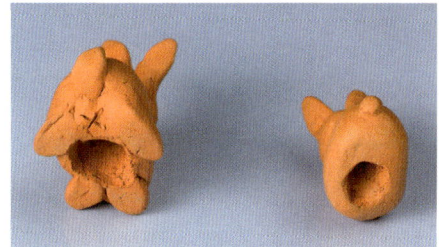

Die Unterseite der Tiere wird ausgehöhlt, damit der Ton beim Brennen nicht birst.

So wird's gemacht

1 Wenn du mit Ton arbeitest, solltest du ihn vorher etwas kneten, um eine gleichmäßige Masse zu erhalten und Luftblasen herauszutreiben.

2 Für den Hasen rollst du ein Ei aus Ton oder Modelliermasse, das ist der Körper. Steche mit dem Zeigefinger an einer Seite in den Körper und höhle ihn etwas aus (das ist wichtig bei Ton, weil er sonst im Brennofen bersten kann).

3 Rolle dann eine Kugel und setze die Ohren an. Verstreiche die Übergänge gut und forme dabei die Schnauze des Hasen aus. Das gelingt, wenn du die Ohren von hinten mit einem Finger stützt und von vorne mit Daumen (unterhalb des Kopfes) und Zeigefinger (vom Ohr aus) den Ton spitz zusammenziehst. Mache ggf. deine Finger etwas feucht. Wenn ein Teil nicht gut halten will, befestige es mit Tonschlicker (mit Wasser verdünnter Ton; den Tonbrei trägst du mit einem Pinsel auf).

4 Setze noch Füße und Schwänzchen an und steche die Augen mit einem Zahnstocher ein. Jetzt muss das Tier gut trocknen, stelle es dazu auf ein Brettchen und decke dünne und herausstehende Teile wie die Hasenohren mit etwas Plastikfolie ab (sie trocknen sonst zu schnell und können Risse bekommen).

5 Der Igel wird aus einer Kugel, die du auf einer Seite platt drückst und vorne lang ziehst, geformt. Das ist einfacher als den Hasen zu formen und eine gute „Aufwärmübung"! Das Fell mit einem Hölzchen einritzen oder steche mit einem Stift (angespitztes Ende voraus) Löcher ein.

6 Tonarbeiten kannst du in Töpferbedarfsläden, Töpferwerkstätten oder öffentlichen Einrichtungen wie der Volkshochschule brennen lassen. Modelliermasse trocknet an der Luft aus.

TIPP Für bunte Tiere kannst du FIMO® verwenden oder einfarbige Ton- und Modelliermassearbeiten nach dem Brennen/Trocknen mit Acrylfarbe bemalen.

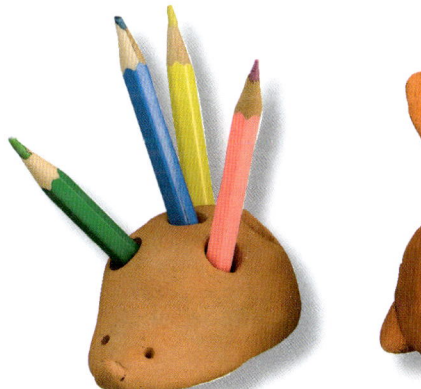

PLASTISCHES GESTALTEN

Schmetterlings-Blumenstecker

Weißt du eigentlich, warum Schmetterlinge um Blumen flattern? Sind sie vielleicht verliebt? Mögen sie den schönen Duft? Möchten sie spielen? Oder verwechseln sie die bunten Blumen mit anderen Schmetterlingen? Alles wäre möglich, aber die Wahrheit ist folgende: Schmetterlinge werden tatsächlich vom schweren, süßen Duft bestimmter Blumen angezogen.

Tagfalter, die am Tag nach Nahrung suchen, lieben violette und gelbe Blüten. Sie trinken mit ihrem Saugrüssel den süßen Nektar. An zweiter Stelle stehen für sie Blumen in Rot-, Orange- und Pinktönen. Mit Hilfe ihres Geruchssinns und ihrer zarten Fühler wittern sie diese Blumen schon von weitem. Die Blüten in kräftigen, leuchtenden Farben sind für sie eine gute Tarnung. In diesem Versteck können sie in Ruhe all den süßen Nektar genießen.

Das Tagpfauenauge mag violette und gelbe Blumen am liebsten.

Nachtfalter gehen bei der Nahrungssuche ganz anders vor: Sie suchen sich bevorzugt helle Blüten in Weiß- und Pastelltönen aus. Da diese Blumen das Mondlicht zurückwerfen, sind sie bei Nacht für die Tiere besser erkennbar als dunkle Blumen.

Den Namen „Schmetterling" verdanken die Tiere ihrem ausgeprägten Geruchssinn: Im Mittelalter fanden die Menschen sehr viele der geflügelten Wesen auf ihrem Milchrahm, dem „Schmetten", oder auf ihrer Butter. Die Schmetterlinge wurden vom besonderen Duft des Rahms magisch angezogen. Deshalb nannten die Menschen die Tiere kurzerhand „Schmetterlinge". Der englische Ausdruck „Butterfly" heißt wörtlich übersetzt „Butterfliege".

Welche Schmetterlinge kennst du? Besonders schön sieht das Tagpfauenauge aus. Lustige Namen tragen der Zitronenfalter und der Kohlweißling. Blumen, auf denen du Schmetterlinge entdecken kannst, sind Sommerflieder, Kornblumen, Vergissmeinnicht, Eisenkraut oder die gelbe Nachtkerze. Schmetterlinge lieben aber auch Wiesenblumen, Gräser und Kräuter wie Thymian, Minze oder Majoran.

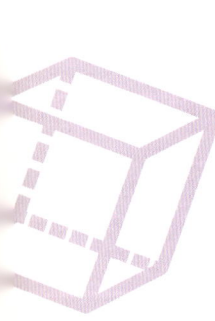

ZIELGRUPPE
1. und 2. Klasse

LERNZIELE
- Förderung der Feinmotorik
- räumliches Vorstellungsvermögen
- Einsetzen von Farbkontrasten
- ausdauerndes und konzentriertes Arbeiten
- Erfinden unterschiedlicher Muster

Das brauchst du

◆ FIMO® soft in verschiedenen Farben
◆ Modellierhölzchen oder Holzstäbchen
◆ Frühstücksbrettchen oder feste Pappe und Alufolie als Unterlage
◆ kleines Messer
◆ Schaschlikstäbchen
◆ evtl. FIMO®-Klarlack

Vorderflügel · Fühler · Facettenaugen · Hinterflügel · Thorax · Hinterleib

BLUMENSTECKER

So wird's gemacht

1 Lege eine Lage Alufolie über ein altes Frühstücksbrettchen oder feste Pappe.

2 Forme aus FIMO® Kugeln: Für den Kopf bleibt die Kugel rund, für die Flügel drückst du sie flach. Eine Rolle bildet den Körper. Lege die Flügel auf den Untergrund und setze den Körper auf. An den Übergängen drückst du die Modelliermasse mit einem Modellierhölzchen aneinander.

3 Überlege dir nun, ob dein Schmetterling senkrecht oder waagerecht fliegen soll und gestalte sein Gesicht entsprechend mit winzigen Kügelchen für die Augen und Nase oder Wangen und dünnen Röllchen für den Mund. Die Fühler kannst du entweder auch aus FIMO® modellieren oder abgeschnittene Hölzchen einstecken, an deren Enden du FIMO®-Kügelchen aufsetzt.

4 Bringe mit dem Holzstäbchen ein kleines Loch an der Stelle an, wo später der Stab eingesteckt werden soll. Backe dein Werk 30 Minuten bei 130 Grad im vorgeheizten Backofen. Nach dem Auskühlen kannst du es mit Fimo® -Klarlack lackieren.

PLASTISCHES GESTALTEN

Theaterpuppen aus Pappmaché

Der kleine Indianer verbeugt sich, springt auf sein Pferd und reitet davon. Dann fällt der Vorhang. Laura springt von ihrem Sitzplatz auf und klatscht begeistert in die Hände. Das war eine tolle Aufführung! Laura ist heute zum ersten Mal im Theater und ganz begeistert von dem lustigen kleinen Indianer. Aber ganz besonders freut sie sich, weil sie nach der Aufführung einen Blick hinter die Kulissen werfen darf.

Laura geht mit ihrer Mutter zum Bühneneingang. Dort wartet der Theaterregisseur auf sie. Er hat mit den Schauspielern das Stück geprobt und ihnen gesagt, wie sie spielen sollen. Nun zeigt er Laura, was alles hinter der Bühne passiert. Bei einer Theateraufführung sieht man meistens nur die Schauspieler. Damit ein Theaterstück aufgeführt werden kann, muss hinter den Kulissen aber viel gearbeitet werden.

Das antike Theater in Leptis Magna (Lybien) wurde im 1./2. Jh. n. Chr. erbaut. Man sieht noch gut die Zuschauerränge und die Reste der Bühnenwand.

Zuerst fertigen die Bühnenbildner die Kulissen an und die Kostümbildner schneidern die Kleider der Schauspieler. Außerdem müssen sämtliche Requisiten wie Möbel, Geschirr, Waffen oder Schatzkisten beschafft werden. Kurz vor der Aufführung schminkt der Maskenbildner dann die Schauspieler und die Bühnenarbeiter schieben die Kulissen an den richtigen Platz.

Laura geht über die leere Bühne und entdeckt eine kleine Luke, aus der sie zwei Augen anschauen. Neugierig geht sie zu der Luke und wirft einen Blick hinein. Dort unten sitzt in einem kleinen Kämmerchen ein Mann und lächelt freundlich. „Das ist unser Souffleur", erklärt der Regisseur, „er flüstert den Schauspielern die Texte ein, wenn sie auf der Bühne nicht mehr weiter wissen." Laura lacht und sagt: „Dann ist der Souffleur am wichtigsten im Theater." „Nein", antwortet da der Regisseur, „das Wichtigste ist das Publikum. Ein Theater ohne Publikum ist kein Theater".

ZIELGRUPPE ab 4. Klasse

LERNZIELE
- Entwerfen unterschiedlicher Charaktere für Theaterstücke
- Förderung der Feinmotorik
- phantasievolles Arbeiten
- ausdauerndes und konzentriertes Arbeiten
- Verbinden unterschiedlichster Techniken (Modellieren, Kleben, Schneiden, Malen, Nähen) und Materialien (Pappmaché, Filz, Papier, Zierelemente)

PAPPMACHÉ

PLASTISCHES GESTALTEN

Das brauchst du

- Styroporkugel, ø 8 cm
- 2 Platten Filz in beliebigen Farben, A4 (Kleid)
- Fotokarton- oder dünner Papprest (Hals und Hände)
- Zeitungspapier, Pappmachémasse
- Kleister, Klebstoff (geeignet für Styropor)
- Acrylfarbe in vielen Farben
- Pinsel und Wasserglas
- Nadel und Nähgarn
- zum Verzieren: Fotokarton-, Wellpappe-, Filzreste, Chenilledraht, Metallglöckchen, Knöpfe, Wolle usw.

Was ist Pappmaché?

Pappmaché ist ein Brei, der sich wie Ton oder Modelliermasse verarbeiten lässt. Du kannst das Pulver im Fachhandel kaufen und entsprechend der Herstellerangaben in Wasser anrühren oder den Brei selber herstellen: Dazu Zeitungspapierschnipsel und viel heißes Wasser in einen Eimer geben und mindestens eine halbe Stunde quellen lassen, bevor du es mit dem Mixstab zu einem dünnflüssigen Brei verarbeitest. Gib den Brei auf ein trockenes Geschirrtuch, fasse es zusammen und drücke die überschüssige Flüssigkeit heraus. Rühre je drei Esslöffel Holzleim und Tapetenkleister unter die Masse und knete das Ganze gut durch. Fertig ist das selbst gemachte Pappmaché!

So wird's gemacht

1 Die Grundform ist bei allen Figuren gleich. Schneide den Halsstreifen, 8,5 cm x 6 cm, aus festem Fotokarton oder dünner Pappe zu und klebe ihn zu einer etwa 2 cm dicken Rolle zusammen.

2 Schabe mit der Spitze einer Schere ein Loch im Durchmesser der Papprolle in die Styroporkugel und klebe die Papprolle hinein (Achtung: Dein Klebstoff muss für Styropor geeignet sein!).

3 Schneide die Hände aus und beklebe den Kopf, den Hals und die Hände mit klein gerissenen Zeitungspapierschnipseln. Das nennt man „kaschieren". Streiche dazu die Formen mit Tapetenkleister ein und klebe rundum mindestens drei Lagen Papierschnipsel auf.

4 Zum Gestalten der Augen, Nasen, Münder usw. nimmst du Pappmaché. Lasse dann alles gut trocknen, das dauert etwa ein bis zwei Tage.

5 Währenddessen kannst du den Filz fürs Kleid zuschneiden (Vorlage auf Seite 154) und im Vorstich (Stickanleitung auf Seite 133) zusammennähen. Vorne setzt du die Tasche auf, in der Mitte wird sie mit einem Knopf am Kleid festgenäht. Schneide noch die Halskrause zu und nähe am oberen Rand einen Faden zum Zusammenziehen ein.

6 Klebe den Kopf der Figur in die Öffnung des Kleides. Darum herum bringst du die Halskrause an und ziehst den Heftfaden zusammen, verknotest ihn und schneidest ihn ab. Klebe einen schmalen, langen Filzstreifen über den oberen Abschluss.

7 In die Armöffnung klebst du die Hände. Nun kannst du noch Wolle als Haare und selbst gebastelte Hüte oder Kronen aufkleben.

TIPP
Zum Aufbewahren werden die Puppen auf eine Flasche gesteckt. So kannst du sie auch als Stiftehalter verwenden.

PLASTISCHES GESTALTEN

Kürbisfiguren

Bei den Indianern in Amerika gehören die Kürbisse neben Mais und Kartoffeln zu den wichtigsten Nahrungsmitteln. Als die Portugiesen Amerika eroberten, entdeckten sie die Früchte und brachten sie nach Europa. Inzwischen gibt es über 800 Sorten, die auf der ganzen Welt angebaut werden. Zu den bekanntesten zählen der aus Japan stammende Hokkaido, die Zucchini, der Spaghettikürbis und die Butternuss.

Neben den Speisekürbissen gibt es aber auch zahlreiche Zierkürbisse mit lustigen Namen wie „Baby Boo", „Gestreifte Birne", „Spookie" oder „Schwanenhals". Manche sind einfarbig, andere sind gestreift oder bunt gesprenkelt. Mal ist ihre Oberfläche glatt, mal geriffelt oder mit Warzen übersät. Manche sind kugelrund, andere erinnern an Birnen, Ufos oder Keulen.

Der schwerste Kürbis der Welt stammt übrigens aus Amerika. Er brachte am 7. Oktober 2006 erstaunliche 681,30 kg auf die Wage. Ein echtes Schwergewicht!

Schnelle Kürbiscremesuppe

Schneide etwa 1 kg Kürbisfleisch (beispielsweise Butternuss) in kleine Würfel. Dünste eine mittelgroße, klein geschnittene Zwiebel in einem großen Topf mit 2 EL Öl glasig an. Gib die Kürbiswürfel, einen Brühwürfel (ausreichend für 1 l Brühe) und 500 ml Milch dazu und lasse das Ganze solange köcheln, bis die Kürbiswürfel matschig werden. Nimm dann den Topf von der Kochstelle und püriere den Inhalt zu einem feinen Brei. Gib noch etwa 1 l Milch hinzu, schmecke die Suppe mit Salz, Pfeffer und Muskat ab und erhitze sie bei schwacher Hitze unter Rühren. Guten Appetit!

ZIELGRUPPE ab 1. Klasse

LERNZIELE
- ◆ Verwandeln von Kürbissen in Gesichter oder Tiere
- ◆ Auswahl geeigneter Kürbisse
- ◆ phantasievolles Arbeiten
- ◆ Schulung des räumlichen Vorstellungsvermögens
- ◆ sorgfältiges Schneiden

Das brauchst du

- Speisekürbisse (zum Aushöhlen) und Zierkürbisse (für Figuren)
- Messer, Kartoffelschäler, Löffel, Kerngehäuse-Ausstecher, Ausstechformen
- Zahnstocher, Holzstäbchen (zum Zusammenfügen von Figuren)
- evtl. Bleistift, Transparentpapier, Kopierpapier
- evtl. Fotokarton, Bast und Wackelaugen
- Klebstoff

So wird's gemacht

1 Für gruselige Kürbisgeister zeichne dir ein Gesicht auf Papier und übertrage es mit Kopierpapier auf den Kürbis. Damit die Vorlage nicht verrutscht, befestige sie mit Stecknadeln.

2 Schneide dann den Kürbisdeckel mit einem großen, scharfen Messer ab und höhle ihn mit einem Löffel aus. Lasse einen ca. 2 cm dicken Rand stehen. Aus dem Fruchtfleisch kannst du eine leckere Suppe kochen (bei Speisekürbissen)!

3 Schneide jetzt die aufgezeichneten Linien mit einem scharfen, spitzen Küchen- oder Gemüsemesser nach. Rundungen kannst du mit einem Kartoffelschäler ausschneiden.

4 Statt Gesichter einzuschneiden, kannst du auch Ausstechformen verwenden, um ein Kürbislicht zu machen. Höhle den Kürbis wieder aus und stecke dann die Ausstechformen an der gewünschten Stelle so weit es geht in den Kürbis. Schabe danach an der Innenseite des Kürbisses das Fruchtfleisch mit einem Löffel weg, bis der Rand der Ausstechform zu sehen ist. Drücke den Inhalt der Form von innen nach außen.

5 Aus kleinen Zierkürbissen kannst du auch Figuren bauen. Schaue dir die Kürbisse an und überlege, was zusammen passt und welche Figur du daraus anfertigen kannst. Die Kürbisse werden dann mit Zahnstochern oder Holzstäbchen zusammengesteckt. Du kannst auch noch Ohren aus Fotokarton ausschneiden, Hölzchen an die Ränder kleben und sie einstecken. Basthaare und Wackelaugen setzt du mit Klebstoff auf.

TIPP

Die Schnittstellen von Kürbisfratzen & Co. kannst du mit Vaseline, Klarlack oder Haarspray behandeln, das verhindert das Verdunsten von Wasser. Wenn der Kürbis schon schrumpelt, kannst du ihn über Nacht in einen Eimer Wasser stellen, dann sieht er am nächsten Tag wieder fast wie neu aus.

PLASTISCHES GESTALTEN

Tütenfiguren

Die Tütenfiguren sind nicht nur spaßig, weil du sie in der Tüte verstecken kannst, du kannst damit auch kleine Theaterstücke aufführen. Natürlich brauchst du dazu Musik!

Was nun aber, wenn du kein Musikinstrument besitzt? – Ganz einfach, mache Musik auf Wassergläsern oder Flaschen. Ein leeres Glas oder eine leere Flasche klingt hell, volle Gefäße klingen dunkel. Wenn du acht Gläser wie auf der Zeichnung unten befüllst, entsteht eine Tonleiter, auf der du einfache Melodien spielen kannst.

Witzige Tütenfiguren kannst du aus allen möglichen Materialien gestalten. Die Bauart ist immer gleich, die Ausgestaltung bleibt deiner Phantasie überlassen.

do   re   mi   fa   so   la   ti   do

ZIELGRUPPE ab 1. Klasse

LERNZIELE
- Herausarbeiten der wesentlichen Merkmale eines Tiers/einer Figur
- Bewegung auf einfache Art und Weise darstellen
- Feinmotorik und räumliches Vorstellungsvermögen schulen
- Anregung der Phantasie
- Umgang mit den unterschiedlichsten Materialien
- sorgfältiges Schneiden, Kleben, Stecken, Binden und Zeichnen

Ein kleiner Tütenkasper zappelt hin und her,

einem kleinen Tütenkasper fällt das gar nicht schwer.

Ein kleiner Tütenkasper zappelt auf und nieder,

ein kleiner Tütenkasper tut das immer wieder.

Ein kleiner Tütenkasper zappelt ringsherum,

ein kleiner Tütenkasper, der ist gar nicht dumm.

Ein kleiner Tütenkasper spielt gern Versteck,

ein kleiner Tütenkasper ist auf einmal weg.

Ein kleiner Tütenkasper ist nun wieder da,

ein kleiner Tütenkasper ruft laut: Hurra!

(nach dem Volksreim „Zehn kleine Zappelmänner")

PLASTISCHES GESTALTEN

Das brauchst du

- Alubastelkarton und Filz, je A3 (Tüte)
- Holzstab, ø 8 mm, 50 cm lang
- Styroporkugel, ø 7 cm (Kopf)
- Gewebeband
- Schere, Nadel und Faden
- Filzstift
- Bleistift, Transparentpapier, Kopierpapier (Vorlagen übertragen)
- Klebstoff, geeignet für Styropor
- Ausgestaltung: Chenilledraht, Seidenpapier, Wackelaugen, Federn, Fotokarton

So wird's gemacht

1 Übertrage die Zuschnitte für die Tüten auf das Papier und den Filz. Du kannst die Vorlage von Seite 154 verwenden oder mit Zirkel und Lineal die Formen in anderen Größen entwerfen. Auf Filz lässt sich die Form leichter übertragen, wenn du deine Vorlage aus Papier ausschneidest und als Schablone auf den Filz legst. Umfahre die Außenlinien mit einem weichen Buntstift, bei dunklem Stoff nimmst du einen weißen oder gelben Stift. Bei Papier geht's am schnellsten mit Kopierpapier.

2 Schneide zuerst die Tüte aus Alubastelkarton zu und klebe die Tütenform mit dem Gewebeband zusammen (auf Stoß, d. h., ohne Überschneidung). Der Filz für das Tüteninnere wird knapp zusammengenäht und von außen auf die Tüte geklebt.

3 Beklebe die Styroporkugel für den Kopf mit Seidenpapier. Achte darauf, dass dein Klebstoff für Styropor geeignet ist!

4 Für die Katze schneidest du die Ohren aus Fotokarton aus. Schneide dann mit einem scharfen Messer oder einem Teppichmesser passende Schlitze in die Styroporkugel und stecke die Kartonohren hinein. Das Katzenschnäuzchen und die Nase drehst du aus Seidenpapier und drückst sie in Form. Klebe die Wackelaugen auf und bringe kurze Chenilledrahtstücke als Schnurrbarthaare unter der Schnauze an.

Ein Männchen mit Hütchen
kroch in ein Tütchen,
es kroch wieder raus,
da war die Geschichte aus.

(nach einem Volksreim)

5 Bei der Maus werden die Ohren wie bei der Katze angebracht. Sie bekommt allerdings noch eine „Nasentüte" aus Karton, die du am Kopf festklebst. Die Nasenspitze wird aufgemalt und die Augen und die Federn werden darüber befestigt. Für die Schnurrbarthaare schneidest du den Chenilledraht in kurze Stücke und steckst ihn vorn durch die Nase. Bohre vorher kleine Löcher vor. Jetzt kannst du noch Mund und Nasenspitze aufmalen.

6 Bei Marsmännchen und Teufelchen bohrst du mit einem Holzstäbchen Löcher in die Styroporkugel, in die du die Chenilledrahtstücke steckst. Alle anderen Teile werden aufgeklebt, Münder aufgemalt.

7 Wenn du den Kopf fertig gestaltet hast, geht es an das Zusammensetzen der Figur. Stecke den Stab von unten durch die Tüte mit dem Filzaufsatz. Ziehe das Filzteil mit einem Faden ganz straff einige Zentimeter unterhalb des oberen Endes zusammen, und klebe den Filz gemeinsam mit dem Stab in ein Loch im Styroporkopf.

8 Nun kannst du deine Tütenfigur noch nach Belieben weiter verzieren: Du kannst Schleifchen aus Chenilledraht oder Band umbinden. Oder du befestigst Käsestücke aus Fotokarton oder kleine Mäuschen. Klebe dafür für die Köpfe Papierhalbkreise zu Trichtern zusammen und knülle Seidenpapier für die Körper. Für das Schwänzchen setze etwas Chenilldraht an. Auch mit Klebesternchen und Filzresten lässt sich gut dekorieren!

TIPP
Nicht nur Styroporkugeln eignen sich für den Kopf deiner Tütenfigur. Du kannst ihn auch aus Modelliermasse oder Pappmaché modellieren oder eine Holzkugel verwenden.

PLASTISCHES GESTALTEN

Blumenherzen modellieren

Die Rose wird als „Königin der Blumen" bezeichnet.

Am zweiten Sonntag im Mai feiern wir den Muttertag. Das ist der Tag, an dem Kinder und Ehemänner Danke sagen, z. B. mit einem großen Blumenstrauß oder einem schön gedeckten Frühstückstisch. Als Geschenk zum Muttertag kannst du aus bunter Modelliermasse ein flaches Herz-Plätzchen basteln, das du dann nach Belieben mit zarten, selbst modellierten Rosen, Fliederblüten, Gänseblümchen, Schleifen, Bändern und Mini-Herzen und all dem verzierst, was deine Mutter gerne hat. Besonders wird sich deine Mama freuen, wenn du ein Gedicht dazu aufsagst.

Ein langes Gedicht,
das merk ich mir nicht.
Drum sag' ich nicht mehr
als: Ich liebe dich sehr.
(Volksreim)

Als ich heute aufgewacht,
habe ich sogleich gedacht,
dass heut der Tag der Mutter ist.
Wehe, wenn man den vergisst!
Doch ich hab es nicht vergessen,
sprech' mein Verslein ganz gemessen.
Kurz ist's und ich komm zum Schluss:
Mutti, du kriegst einen Kuss.
(Volksreim)

ZIELGRUPPE 3. und 4. Klasse

LERNZIELE
- Förderung der Feinmotorik
- räumliches Vorstellungsvermögen anregen
- Einsetzen von Farbkontrasten
- Farben mischen
- ausdauerndes und konzentriertes Arbeiten
- harmonische Aufteilung einer Fläche
- Erfinden unterschiedlicher Blütenformen

Das brauchst du

- Fimo® soft
- Zahnstocher und/oder Modellierstäbchen
- Frühstücksbrettchen oder feste Pappe als Unterlage
- kleines Messer zum Portionieren
- Alufolie als Unterlage
- evtl. Fimo®-Klarlack

Was ist FIMO®?

FIMO® ist eine Modelliermasse, die durch Brennen im Ofen härtet. Sie ist in vielen unterschiedlichen Farbtönen erhältlich. Früher gab es nur das FIMO® classic, das nicht so leicht zu kneten war. Inzwischen gibt es mit FIMO® soft die weiche Variante für kleine und große Kinderhände. Aus FIMO® kannst du auch sehr schöne Schmuckperlen, Broschen, kleine Tiere oder Früchte für den Kaufmannsladen modellieren.

MODELLIEREN

So wird's gemacht

1 Lege eine kleine Lage Alufolie über ein altes Frühstücksbrettchen oder eine feste Pappe.

2 Forme aus rotem FIMO® eine große Kugel und drücke sie auf dem Handteller etwas flach. Drücke in die Mitte eine Kerbe ein, so dass ein Herz entsteht. Lege das Herz auf die Alufolie und drücke es in die richtige Form und Größe (ca. 12 cm), achte darauf, dass es überall gleich dick ist.

3 Verziere das Herz am Rand zum Beispiel mit einer Kordel, die du aus zwei FIMO®-Röllchen drehst und Stück für Stück an das Herz andrückst.

4 Überlege dir eine passende Aufteilung: Möchtest du viele kleine Blumen kreuz und quer oder zwei große in der Mitte? Die Rosen kannst du entweder aus einem langen Band rollen oder sie aus vielen kleinen runden Plättchen von innen nach außen zusammensetzen. Befestige die Rosen mithilfe eines Zahnstochers durch Andrücken.

5 Bringe mit dem Zahnstocher ein kleines Loch an dem Herz an. Dort kann man es später aufhängen. Backe dein Werk 30 Minuten bei 130° C im vorgeheizten Backofen. Auskühlen lassen und am nächsten Tag mit FIMO®-Klarlack lackieren.

TIPP

Wenn du mehrere Farben ineinander knetest, entstehen schöne Farbverläufe.

FIMO® härtet im Backofen bei 130° C vollständig aus. Je nachdem, wie dick die einzelnen Teile sind, reichen 15 bis 30 Minuten Backzeit im vorgeheizten Ofen.

Textiles Gestalten

98

Wurfbälle, Fadenbilder, Taschen, Maskottchen, Monster und Portraits – das und noch viel mehr kannst du aus Wolle, Filz und Co. anfertigen.

Hast du schon einmal gehäkelt, geknüpft, gewebt, gefilzt, gestickt oder Pompons gewickelt? Probiere diese Handarbeitstechniken einfach aus und lasse dich von den fröhlich bunten Ideen auf den folgenden Seiten zu eigenen Kreationen anregen! Ein bisschen Know-how ist nötig, damit deine Woll- und Stoffarbeiten gleich gelingen, aber wie du am einfachsten vorankommst, erfährst du ebenso in diesem Kapitel.

Und weil zwei oder drei oder vier immer mehr Spaß haben als einer alleine, lade doch einfach Freunde zum gemeinsamen Handarbeitsnachmittag ein!

TEXTILES GESTALTEN

Bälle filzen

Es gibt verschiedene Möglichkeiten, einen Ball herzustellen. Man kann ihn aus Schnee formen, aus Leder nähen, aus Eisenlegierungen gießen oder aus Wolle filzen. Zum Spielen eignen sich schwere Filzbälle, dafür erhalten sie einen Kern aus Sand (in einen Luftballon gefüllt). Du kannst mit den Bällen jonglieren oder – besonders lustig, wenn du vor dem Filzen Schnüre um den innen liegenden Luftballon knotest, sie als Wurfbälle nehmen. Neben viel Übung ist es beim Jonglieren wichtig, dass die Jonglierbälle auf deine Handgröße abgestimmt sind. Für einen 8- bis 10-Jährigen beträgt der Durchmesser ca. 5 cm.

Jonglierbälle müssen schwer sein, um sie gleichmäßig und kontrolliert werfen zu können. Anfängern fällt es leichter, mit verschiedenfarbigen Bällen zu jonglieren. Hier ein paar Übungsvorschläge:

Übe zuerst das kontrollierte Werfen mit der rechten und linken Hand: Halte in jeder Hand einen Ball und werfe die Bälle nacheinander hoch. Wenn der erste am Umkehrpunkt ist (gerade wieder herabfällt) folgt der zweite. Übe die Bälle direkt vor dir nach oben zu werfen (nicht nach vorne, übe eventuell vor einer Wand). Greife nicht nach den Bällen, sondern lasse sie in die Handflächen fallen.

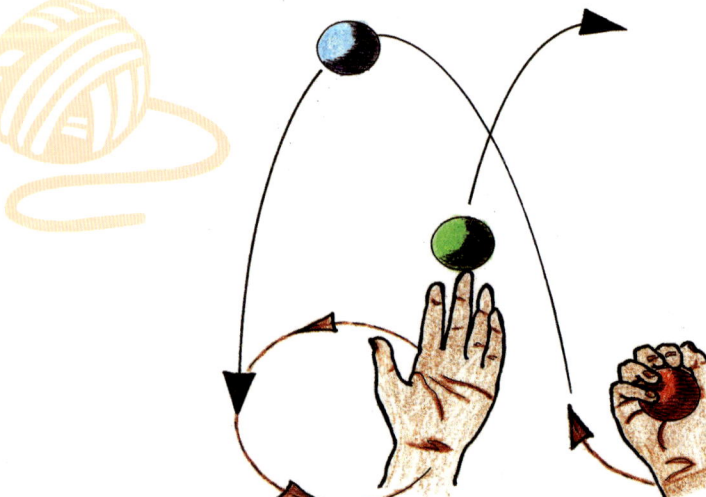

Anschließend wechselt der Ball die Hand, von der werfenden in die fangende, dabei kreuzen sich die Flugbahnen.

Jetzt versuche, in einer Hand zwei Bälle (rot und blau) zu halten, in der anderen einen Ball (grün). Wenn der blaue Ball am höchsten Punkt seiner Flugbahn ist, wirfst du den grünen, um den blauen zu fangen. Hat der grüne Ball den Umkehrpunkt erreicht, werfe den roten, dann wieder den blauen usw.

ZIELGRUPPE
ab 1. Klasse

LERNZIELE
- Kennenlernen des Filzens
- Wertschätzung der alten kunsthandwerklichen Technik
- Förderung von Ausdauer und Konzentration
- Schulung des räumlichen Vorstellungsvermögens
- Einbinden eines farblichen Dekors
- farbliche Abstimmung der einzelnen Bestandteile
- Beschäftigung mit den Charakteristika eines Wurfobjektes

Das brauchst du

- Merinowolle im Kammzug und ungefärbte Filzwollreste (für das Ballinnere)
- Luftballon
- Satinbänder für Flugbälle
- trockener Vogelsand (Tierfutter-Abteilung)
- Seifenlauge (1 EL Olivenseife auf 1 l warmes Wasser)
- kleine Schüssel, Plastiktablett, Antirutschmatte
- Handtücher

So wird's gemacht

1 Verwende als Kern einen Luftballon und fülle ihn mithilfe eines Trichters mit ca. 60 g trockenem Sand. Hierfür kannst du Vogelsand verwenden (Tierfutter-Abteilung). Zupfe die farbige Wolle an einem trockenen Platz. Halte den Wollstrang mit einem Abstand von ca. 15 cm zwischen Fingern und Handballen und ziehe die Wollfasern auseinander (nicht abschneiden!).

2 Für Flugbälle knote die bunten Satinbänder am Knoten des Luftballons fest. Wickle die ungefärbte Filzwolle um den Luftballon zu einem festen Knäuel und tauche das Ganze in eine Schüssel mit Seifenlauge.

3 Lege dann die gezupften bunten Wollflocken schichtweise um das Knäuel. Befeuchte sie zwischendurch mit Seifenlauge, indem du mit der Hand Wasser über den Ball schöpfst. Fixiere die Wolle mit seifignassen Händen und streiche sie in Form.

4 Jetzt wird gefilzt: Dazu reibst du den Ball mit seifig-nassen Fingern mit leichtem Druck. Gehe anfangs ganz sanft vor, so als würdest du ein kleines Küken streicheln. Achte darauf, dass die Wollfasern nicht verrutschen und die Kugelform erhalten bleibt. Mit der Zeit erhöhst du den Druck etwas. Wenn du keine einzelnen Fasern mehr aus der Kugel ziehen kannst, beginnt das Durchfilzen.

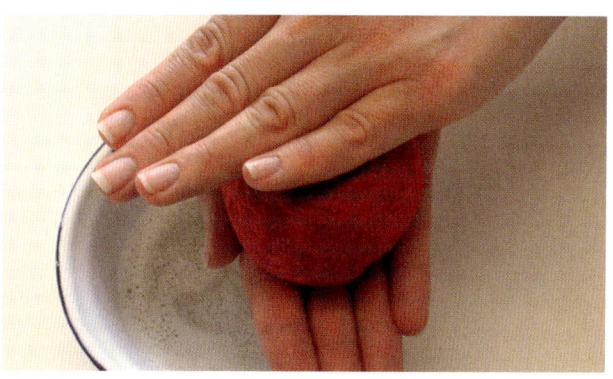

5 Rolle und drücke die Kugel auf einer Antirutschmatte mit hohem Druck, bis sie fest ist. Nach Belieben kannst du nun auch noch dünne Wollstränge als Muster auflegen und mit einer feinen Filznadel festnadeln. Lege den dünnen Wollstrang an der gewünschten Stelle auf und nadle ihn mit gezielten Stichen fest. Halte die Filznadel gerade, verwende eine weiche Unterlage (z. B. Küchenschwamm) und gib Acht auf deine Finger! Wasche den fertigen Ball anschließend aus und lege ihn zum Trocknen auf ein Handtuch.

TIPP

Je weiter du die Flugbälle werfen kannst, desto länger kannst du den flatternden Schweif beobachten.

TEXTILES GESTALTEN

Fadenbilder aus Wolle

Schmetterlinge sind Insekten, die auf der ganzen Welt vorkommen. Es gibt etwa 150.000 verschiedene Arten.

Wenn du draußen auf der Wiese spielst und tobst, bist du nicht allein. Sehr viele Tiere leben dort und wahrscheinlich hast du schon oft einige von ihnen beobachtet. Zum Beispiel Schnecken und Schmetterlinge. Schildkröten dagegen kennst du wahrscheinlich nur aus dem Zoo. Hast du dir schon einmal überlegt, was du alles über diese schönen, schleimigen und lustigen Tiere weißt? Hier kannst du dein Wissen testen und ein paar außergewöhnliche und interessante Dinge über Schmetterlinge, Schnecken und Schildkröten erfahren.

Wusstest du schon, dass ...

... Schmetterlinge einen Rüssel haben, mit dem sie Nektar aus den Blumen saugen?

... der größte Schmetterling in Südamerika lebt und eine Flügelspannweite von 32 cm hat, der kleinste Schmetterling dagegen gerade mal 2 mm große Flügel besitzt?

... man früher glaubte, unter den Schmetterlingsflügeln würden fliegende Hexen ihr Unwesen treiben?

... die Schmetterlinge so tolle Namen wie Zitronenfalter, Schwalbenschwanz, Brauner Bär, Totenkopfschwärmer oder Tagpfauenauge haben?

... aus den gelegten Schmetterlingseiern Raupen schlüpfen, diese sich in einen Kokon einspinnen und daraus ein wunderschöner Schmetterling entsteht?

... man die Entwicklung der Raupe zum Schmetterling Metamorphose nennt?

ZIELGRUPPE
1. und 2. Klasse

LERNZIELE
- Interesse für Tiere und ihre Lebensweise wecken
- selbständige Gestaltung und Ausarbeitung einer Tierform
- dreidimensionale Vorstellungskraft schulen
- Umgang mit verschiedenen textilen Materialien üben
- Experimentieren mit verschiedenen Farben und Formen
- Förderung von Konzentration und Feinmotorik

... Schnecken eine feine Nase haben und Fressbares noch in einer Entfernung von bis zu 100 m wittern können?

... eine erwachsene Schnecke in einer Nacht einen ganzen Kopfsalat verputzen kann?

... Schnecken zu 85 Prozent aus Wasser bestehen, zu den Weichtieren gehören und mit Muscheln und Tintenfischen verwandt sind?

... Schnecken aus den Drüsen an der Sohle Schleim absondern und auf diesem mit Wellenbewegungen vorankriechen? Die große Nacktschnecke schafft so in einer Nacht bis zu 25 m.

Das Schneckenhaus bietet der Schnecke nicht nur Schutz bei Gefahr, sie kann sich darin auch zurückziehen, wenn es zu trocken ist.

... dass Landschnecken Zwitter sind, das heißt, jedes Tier sowohl weibliche als auch männliche Geschlechtsorgane besitzt, aber trotzdem zur Fortpflanzung einen Partner braucht?

Die größten Schildkröten leben auf den Galapagos-Inseln (Pazifischer Ozean). Sie werden bis zu 1,80 m lang und 220 kg schwer.

... Schildkröten an Land, im Süßwasser und im Salzwasser leben können?

... Schildkröten statt Zähnen in ihrem Kiefer scharfkantige Hornscheiden haben?

... die Schildkrötenweibchen ihre Eier in warmen Sandgruben ablegen und sie von der Sonne ausbrüten lassen, statt sich selbst darum zu kümmern?

... es etwa 230 verschiedene Schildkrötenarten gibt, die zwischen 10 cm und 2,40 m lang und zwischen 140 g und 860 kg schwer sind?

... Schildkröten zu den Reptilien zählen und schon seit 250 Millionen Jahren auf dieser Erde leben?

... die älteste bekannte Schildkröte mit 256 Jahren gestorben ist?

TEXTILES GESTALTEN

Das brauchst du

- Ton- oder Fotokarton
- Textilfilz, 4 mm stark
- dicke Wollreste
- Chenilledraht oder Papierdraht in beliebiger Farbe
- Entwurfspapier, Bleistift, Schere
- Klebestift, flüssiger Klebstoff (Schildkröte)
- Pompons, Holzkugeln
- Lochzange

So wird's gemacht

1 Nachdem du dich entschieden hast, welches Tier du basteln möchtest, schaue in deinen Tierbüchern nach, wie dieses Tier aussieht und entwirf eine passende Körperform auf Papier. Für den Schmetterling und die Schnecke machst du einen Faltschnitt, indem du ein weißes A4-Blatt längs zur Mitte faltest. Zeichne eine Hälfte des Tierkörpers auf und schneide sie anschließend aus. Durch das Auseinanderfalten des Papiers hast du völlig symmetrische Flügel- und Körperformen.

2 Übertrage die selbst gezeichnete Schildkröte, die Schmetterlingsflügel oder das Schneckenhaus auf Ton- oder Fotokarton in einer passenden Farbe und schneide es aus. Wenn es schnell gehen soll, kannst du auch die Vorlagenmotive aus diesem Buch dafür verwenden (Seite 155).

3 Streiche nun das Papier dick mit Klebestift ein. Beginne dann zügig mit dem Aufkleben der Wolle von außen nach innen. Führe die Wolle dabei im Kreis und wechsle die Farben, wie es dir gefällt. Die Schildkröte ist nun schon fast fertig. Du musst nur das Gesicht, die Füße und den Panzer mit einem schwarzen Stift herausarbeiten und für Auge und Nase einen Pompon oder einen Filzkreis aufkleben.

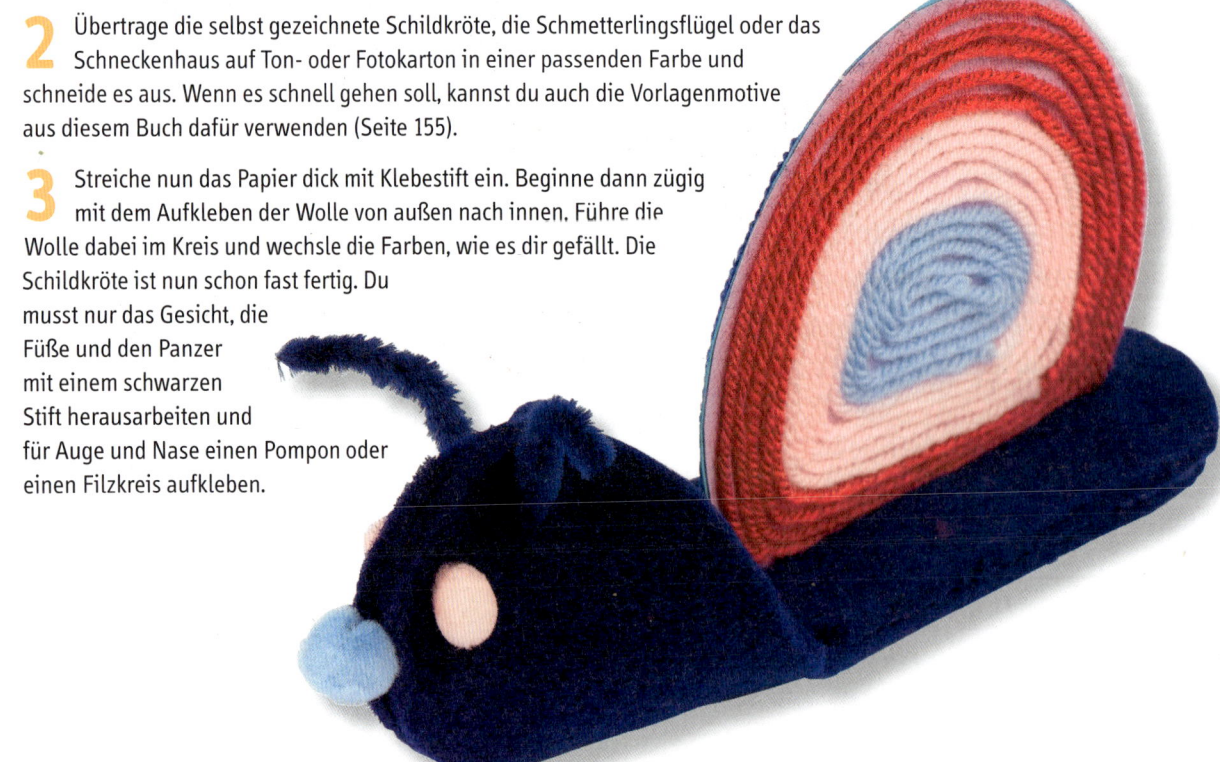

4 Für die Schnecke und den Schmetterling kannst du den Körper aus Textilfilz ausschneiden. Den Schneckenkörper solltest du doppelt, den Schmetterlingskörper dreimal zuschneiden. Schneide mit der Schere ein Loch in die Mitte des Schnecken- oder Schmetterlingskörpers hinein, gerade so lang wie deine Flügel oder dein Schneckenhaus sind.

5 Bevor du die Körperteile aufeinander klebst, musst du noch das Gesicht gestalten. Für Augen und Nase nähst du die Pompons mit Nadel und Faden an. Die Anfangs- und Endfäden auf der Rückseite werden nicht vernäht, sondern einfach verknotet. Sie verschwinden durch das Aufeinanderkleben der anderen Körperteile. Für die Fühler eignen sich Papier- oder Chenilledraht. Eine Lochzange oder ein anderer spitzer Gegenstand erleichtert das Durchstechen und Durchziehen der Drähte.

6 Zuletzt werden das Schneckenhaus und die Schmetterlingsflügel noch in den Filzkörper hineingesteckt, fertig!

TEXTILES GESTALTEN

Pompontiere

Dass die Wolle vom Schaf kommt, das weiß jeder. Weißt du auch, wie aus der Schafwolle ein Wollknäuel wird?

Einmal im Jahr, meistens im April oder Mai, werden die Schafe geschoren. Dabei muss der Schafscherer geschickt vorgehen, damit er das Schaf nicht verletzt. Die geschorene Wolle wird anschließend vorsichtig in kaltem Wasser gewaschen und so vom größten Schmutz befreit. Teile des Wollfettes bleiben dabei allerdings in der Wolle und machen sie wasser- und schmutzabweisend.

Um Disteln, Kletten, Hautschuppen und andere störende Verunreinigungen zu entfernen, wird die Wolle nach dem Trocknen mit Karden gekämmt. Das sind große Drahtbürsten, zwischen denen die Wolle liegt. Durch das gegengleiche Auseinanderziehen der Karden wird die Wolle nicht nur weiter gesäubert, sondern auch gelockert. So lässt sie sich besser verspinnen.

Zum Spinnen benötigt man einen Anfangsfaden, den man sich aus den Wollfasern dreht und mit einer Schlaufe an der Spindelspitze befestigt. Dann versetzt man die Spindel in Bewegung und zieht den Faden langsam aus dem Wollbausch heraus. Ist der Faden etwa so lang wie ein Arm, wird er von der Spitze gelöst und auf die Spindel gewickelt. Dann beginnt man wieder von vorne. Je mehr Wolle miteinander verdrillt wird, desto länger wird der Faden. Aufgewickelt und gespannt wird die Wolle auf der Haspel. Damit man den Faden zum Stricken oder Häkeln verwenden kann, wird er „verzwirnt", d. h. zwei Fäden mit gleicher Drehrichtung werden in entgegengesetzte Richtung miteinander verdreht. Dadurch wird der Faden glatter und stabiler.

Erst zum Schluss wird die Wolle mit natürlichen Farben aus Blättern, Kräutern, Schalen von Früchten, Baumrinde oder chemischen Farben gefärbt.

| ZIELGRUPPE ab 1. Klasse | LERNZIELE | ◆ Zusammenstellen einer Figur aus Kugeln
◆ Auswahl geeigneter Tiere und Figuren und Vereinfachen | ◆ Schulung des räumlichen Vorstellungsvermögens
◆ Anregen der Phantasie
◆ sorgfältiges Schneiden | ◆ Fördern von Ausdauer und Konzentration |

Das brauchst du

- Wolle
- Pomponset (aus den Bastel- oder Handarbeitsladen)
- spitze, scharfe Schere
- Alleskleber, z. B. UHU kraft
- lange, stumpfe Nadel mit großem Öhr
- Filz, Wackelaugen und Wattekugeln

P O M P O N

107

So wird's gemacht

1 Zum Anfertigen eines Pompons benötigst du vier Plastiksteckteile einer Farbe. Halte zwei unterschiedliche Steckteile Rücken an Rücken gelegt so in der Hand, dass sie einen Bogen bilden. Umwickle sie mit der rechten Hand mit dem Wollfaden. Wiederhole das Ganze mit den anderen beiden Steckteilen.
Für zweifarbige Pompons wie beim Nilpferd umwickle ein Steckteil in der einen und das andere in der anderen Farbe. Gescheckte Pompons entstehen, wenn zwei verschiedenfarbige Wollfäden gleichzeitig aufgewickelt werden. Für Pompons wie bei den Vogelkörpern zuerst ein Stück mit einer Farbe wickeln, darüber dann mit einer anderen Farbe weiterwickeln. Für die Froschaugen wird nur das Innere eines Steckbogenteils mit weißer Wolle umwickelt, alles andere in Grün.

2 Stecke die zwei Bögen nun zu einem Ring zusammen und schneide die aufgewickelte Wolle ringsum mit einer spitzen Schere auf. In den schmalen Spalt zwischen den Plastikteilen lege einen gleichfarbigen, stabilen Wollfaden und binde den Pompon fest ab. Schneide den Faden noch nicht ab, damit können einzelne Pompons zu Figuren zusammengeknotet oder Pompons aufgehängt werden.

3 Stutze den Pompon rundum etwas und schneide ihn, wenn nötig, in Form. Nun kannst du die Figuren zusammenfügen. Dazu binde Abbindefäden zusammen, wie z. B. bei den Vögelchen. Bei Figuren aus mehr als zwei Pompons werden weitere Fäden zum Zusammenfügen benötigt: Ziehe einen ca. 40 cm langen Faden zur Hälfte durch das Öhr einer langen, stumpfen Nadel und verknote die Fadenenden. Steche mit Nadel und Faden durch einen Pompon und wieder zurück durch das verknotete Fadenende. Wiederhole das Ganze bei dem anderen Pompon. Nun kannst du die Pompons zusammenknoten.

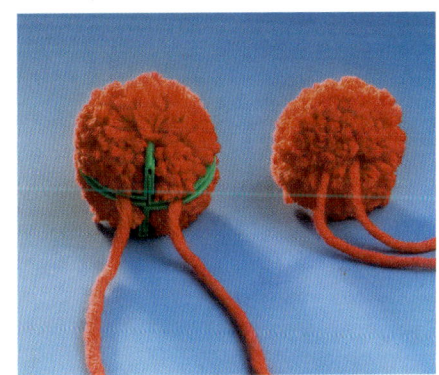

4 Verziere die Figur abschließend mit Wackelaugen oder bemalten Wattekugeln und Mündern aus Filz. Für Schwänzchen verknote mehrere Wollfäden an einem Ende, teile sie in drei Gruppen und verflechte sie miteinander. Gib auf ein Ende etwas Klebstoff und klebe das Schwänzchen an der gewünschten Stelle in den Wollpompon.

TEXTILES GESTALTEN

Täschchen filzen

Die meisten Schafe leben in Australien, von wo auch die meist gekaufte Wolle kommt.

Seit Jahrtausenden wird Filz als Basis für Kleidung, Teppiche und von den Schafzüchternomaden von Anatolien bis in die Mongolei für den Bau ihrer Jurten geschätzt. Funde aus dem 4. Jh. v. Chr. sind bekannt.

Alle Filze bestehen aus tierischen Fasern: der Wolle. Schafwolle wird am häufigsten zum Filzen verwendet. Aber auch das Kamel (Kamelhaar), die Ziege (Kaschmirwolle und Mohairwolle), das Lama, das Alpaka und das Angorakaninchen liefern Wolle, mit der sich gut filzen lässt.

Die Besonderheiten der Filzwolle, die sich Naturvölker seit Jahrtausenden zunutze machen, sind:

wasserabweisend – Der natürliche Fettgehalt der Wolle verhindert das Eindringen von Regen und Tau.

feuchtigkeitausgleichend – Wolle kann ein Drittel ihres Eigengewichts an Feuchtigkeit aufnehmen ohne sich nass anzufühlen.

isolierend – Wolle erhält ihre isolierende Wirkung durch Lufteinschlüsse der aufeinanderliegenden gekräuselten Fasern.

elastisch – durch die Schuppenstruktur und die Spindelzellen im Inneren der Faser erhält die Wolle ihre Elastizität.

schwer entflammbar – einzelne Wollfasern brennen mit einer kleinen schnellen Flamme, die, sobald sie dichten Filz oder dichtes Gewebe erreicht, erlischt.

Schmutz abweisend – Verunreinigungen dringen durch die glatte Oberfläche der Wollhaare nicht in die Faser ein. Ausbürsten reicht oftmals.

heilend – Wolle kann Giftstoffe binden und neutralisieren. Eine Neutralisierung kann durch Lüften an der frischen Luft (nicht Sonne) stattfinden.

filzbar – durch Feuchtigkeit, Wärme und Druck (Reibung) lässt sich die Wolle filzen.

ZIELGRUPPE 3. und 4. Klasse

LERNZIELE
- Kennenlernen des Schnur- und Flächenfilzens
- Herstellen eines gefilzten Hohlkörpers
- ausdauerndes und konzentriertes Arbeiten
- sinnvolles Organisieren der Arbeitsabläufe
- Farben und Muster abstimmen

Das brauchst du

- Merinowolle im Kammzug
- Schablone aus Noppenfolie o. Ä.
- Antirutschmatte und ausreichend große Unterlage
- Seifenlauge (1 EL Olivenseife auf 1 l Wasser)
- Leintuch, Schere, Handtücher
- Bambusrollo

So wird's gemacht

1 Bereite den Arbeitsplatz vor: lege entsprechend der Größe der Schablone die Unterlage mit Antirutschmatte aus. Darauf lege ein Tuch (z. B. ein altes Leintuch, das etwa doppelt so groß wie das Werkstück ist) und auf dieses die Taschenschablone aus Noppenfolie. Da die Wolle beim Filzen schrumpft, muss die Schablone ca. 30 Prozent größer sein als die Tasche groß werden soll. Die rechteckige Form ist an einer Seite abgerundet.

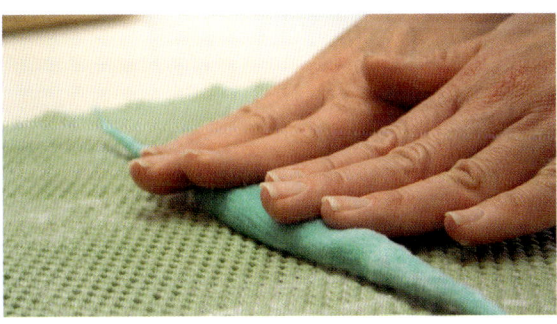

2 Zuerst wird das gewünschte Muster auf die Schablone gelegt. Trenne dazu einen langen Strang vom Kammzug ab und teile ca. ein Drittel der Länge nochmals in der Mitte. Lege die zwei dünneren Enden aufeinander, um eine Schlinge zu erhalten. Rolle die Schnur sowie die Schlinge trocken auf dem Knie vor. Filze den dickeren Teil zu einer Schnur (die Schlinge bleibt ungefilzt). Gib etwas Seifenlauge auf die Antirutschmatte und rolle die Schnur anfangs mit wenig Druck darauf hin und her, bis sie vollkommen nass ist. Dann kannst du den Druck stetig erhöhen, achte aber darauf, dass die Schnur in Form bleibt.

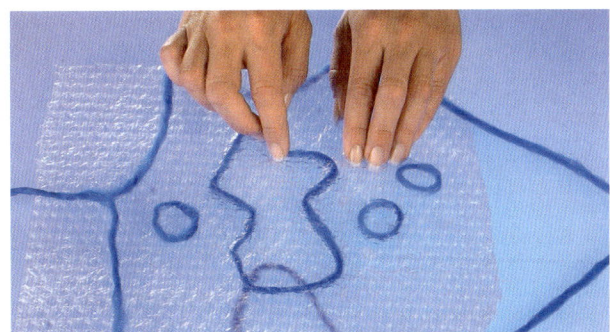

3 Lege die ungefilzte Schlinge als Taschenmuster um und auf die Schablone aus Noppenfolie und den schon gefilzten Teil der Schnur als Verschluss in die Mitte des Taschenumschlags (nicht abgerundeter Teil der Schablone). Um das Muster weiter auszuarbeiten, kannst du noch weitere Wollflocken auflegen oder du legst, wie bei der grünen Tasche oben, nur das ungefilzte Schnurende ohne weitere Verzierungen auf den Überschlag.

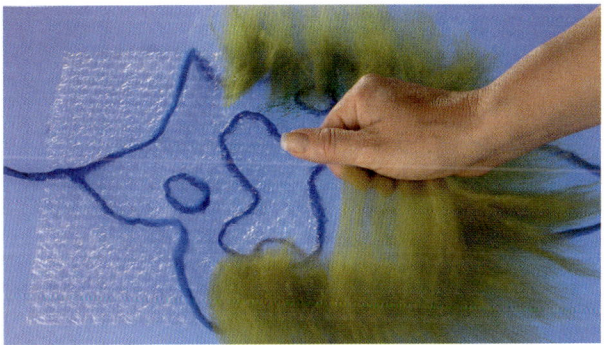

4 Lege nun die Wolle auf der Tasche (unterer, abgerundeter Teil der Schablone) aus. Am Rand sollten die gezupften Wollfasern zur Hälfte über die Schablone herausragen. Lege zuerst die Wolle rund um den unteren Rand, dann fülle die Fläche dazwischen aus.

TEXTILES GESTALTEN

5 Anschließend wird der obere Teil der Schablone mit Wolle bedeckt (das wird der Taschenüberschlag). Auch hier die Wollstücken zuerst am Rand entlang legen, sie überlappen allerdings nicht. Dann wieder die Fläche dazwischen füllen.

6 Anschließend lege eine weitere Schicht Wolle auf die Tasche, nicht auf den Überschlag. Lasse die Strähnen am Rand wieder überstehen.

7 Befeuchte die Wolle mit einer Ballbrause, beginne dabei am Rand. Die überstehenden Fasern werden nicht nass gemacht. Vom Rand zur Mitte hin weiter Wasser aufspritzen. Drücke dann mit seifig-nassen Händen die Luft aus den Wollschichten und lege Klarsichtfolie auf die Filzfläche. Spritze etwas Wasser darauf und reibe mit leichten, kreisenden Bewegungen über die Klarsichtfolie, so wird die Wolle darunter angefilzt. Arbeite mit sanftem Druck von außen nach innen. Die Fasern dürfen nicht verrutschen. Mit der Zeit kannst du den Druck erhöhen.

8 Wenn die Wolle fest verbunden ist und du keine einzelnen Fasern mehr aus der Fläche ziehen kannst, drehe die Filzarbeit um, so dass die Schablone obenauf liegt. Klappe die herausragenden Wollfasern um den Schablonenrand, befeuchte sie und ziehe die entstandenen Falten mit den Fingern vorsichtig glatt.

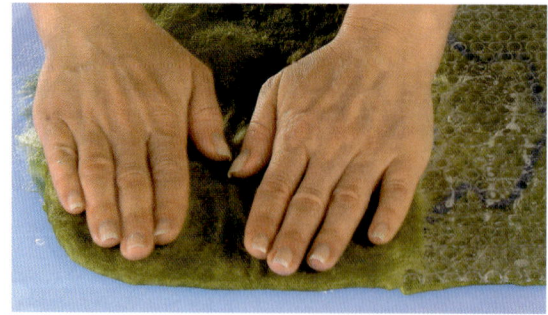

9 Lege dann auch diese Seite der Schablone (nur die Tasche, nicht den Umschlag) mit zwei Schichten Wolle aus, allerdings nur exakt bis zum Schablonenrand. Befeuchte die Wolle wieder von außen nach innen wie in Schritt 7 beschrieben.

10 Filze wieder in der Reibetechnik. Damit die Fasern nicht so leicht verrutschen, kannst du wieder eine Klarsichtfolie auf die Wolle legen. Während des Filzens steigere den Druck allmählich, aber immer nur so viel, dass sich die Wollfasern nicht verschieben. So fortfahren, bis sich keine Fasern mehr aus dem Objekt ziehen lassen.

11 Filze die Ränder noch einmal nach. Hebe dazu die Schablone an und filze mit den Handinnenseiten über den Rand.

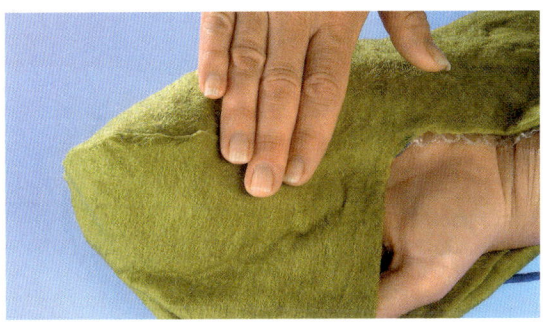

12 Ist die Wolle überall gut angefilzt, arbeite die Ränder noch einmal nach. Dazu eine Hand in die Tasche stecken, sie stützt von innen, und mit der anderen von außen in kreisender Bewegung filzen.

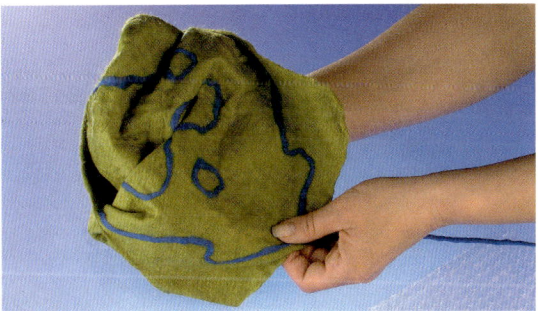

13 Nimm die Schablone aus der Tasche und wende diese. Klappe den Überschlag zu. Lege die Tasche auf ein Handtuch (bei großen Taschen auf ein Leintuch und dieses auf ein ausgerolltes Bambusrollo). Die lange Schnur lege neben die Tasche auf das Tuch. Rolle das Tuch bzw. Rollo zusammen und binde es mit Schnüren zusammen. Nun wird die Tasche gewalkt, wodurch der Filz stark schrumpft, dadurch aber gleichzeitig fest und stabil wird.

14 Bewege die Rolle beim Walken drei bis vier Minuten mit den Unterarmen vor uns zurück. Dann öffnest du sie, drehst die Tasche um 90 Grad, rollst alles wieder ein und walkst weiter. Wiederhole diesen Vorgang von allen Seiten der Tasche. Anschließend wäschst du sie unter fließendem Wasser aus, legst sie in Form und trocknest sie auf einem Handtuch. Abschließend wird die Tasche gebügelt.

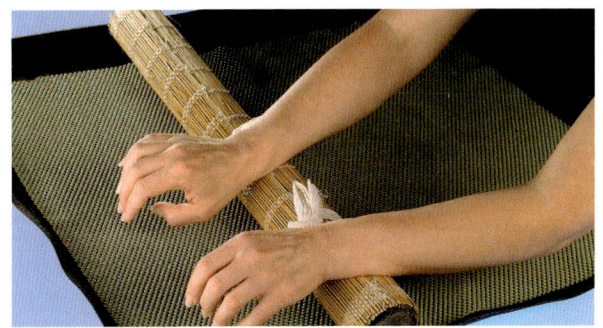

TIPP

Als Unterlage zum Filzen eignet sich ein Tablett oder Backblech, für große Flächen und Formen eine Autokofferraummatte oder Gartenfolie mit Druckknöpfen an den Ecken, die nach dem Gebrauch zusammengerollt werden kann.

Zum Filzen kannst du jede Seife verwenden, je nach Hautverträglichkeit Flüssig- oder Schmierseife. Wenn du Blockseife verwendest, rasple sie vorher und setze sie mit Wasser an. Je mehr Wasser du zugießt, desto flüssiger wird die Seife. Zur Hautschonung kannst du noch etwas Olivenöl dazu geben.

TEXTILES GESTALTEN

Maskottchen häkeln

Wenn du die verschiedenen Tiere und Figuren auf den nächsten Seiten siehst, denkst du vielleicht: „Das sieht ja schwierig aus, ob ich so was auch schaffe?" Die Antwort können dir die Maskottchen selbst geben, denn sie haben für dich ein Gedicht geschrieben.

Das Maskottchen ist nur für dich allein,
lass mich doch bitte dein Glücksbringer sein.
Überlege, welche Farbe du liebst und dir gefällt,
such' dazu passende Wolle für etwas Geld.
Ob rosa, gelb, grün oder blau,
die richtige Auswahl ist hier wirklich schlau.
Häkle nun in die Luftmaschenkette ganz fein,
viele dichte Maschen und Reihen hinein.
Jetzt muss die Entscheidung fallen,
soll es ein Löwe, ein Prinz, ein Ritter sein,
ein Zwerg, ein Zauberer oder Wichtelein.
Mütze, Schal, Haare oder Hut,
aus Filz oder Wolle das klappt, nur Mut.
Ein Gesicht zum Verlieben,
möchte ich aus Holzperlen, Pompons oder Wolle kriegen.
Wenn dein Maskottchen dann fertig ist,
kannst du ihm erzählen, wer du bist.
Bei schwierigen Aufgaben oder Not,
hört es zu, drückt dir die Daumen und bringt alles ins Lot.

Also, du hast es ja schon gehört, nur Mut und etwas Phantasie und dein ganz persönliches Maskottchen wird zum Leben erweckt!

ZIELGRUPPE
3. und 4. Klasse

LERNZIELE
- ◆ Erfassen der Entstehung von gehäkelten Gegenständen und Kleidung
- ◆ Erlernen einer traditionellen Textiltechnik
- ◆ selbständige Planung, Durchführung und Gestaltung eines kleinen Gegenstandes
- ◆ Förderung von Kreativität und Phantasie
- ◆ individuelle Ergebnisse stärken das Selbstbewusstsein und regen zu größeren Leistungen an
- ◆ Förderung von Konzentration, Ausdauer und Feinmotorik

Grundtechnik Häkeln

Die Luftmasche

Die Luftmasche ist die einfachste Häkelmasche. Viele Luftmaschen bilden eine Luftmaschenkette, die man auch als Schnur verwendet.

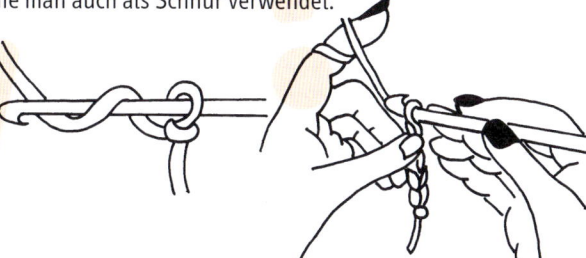

Die feste Masche

Häkle zum Aufsteigen in die nächste Reihe eine zusätzliche Luftmasche.

In die obere Schlaufe der zweiten Luftmasche einstechen, Faden vom Zeigefinger holen, durch die Luftmaschenkette ziehen (du hast jetzt zwei Maschen auf der Nadel), wiederum den Faden vom Zeigefinger holen und durch beide Maschen zeihen.

Fortlaufend wiederholen.

Beim Wenden der Arbeit wieder eine Luftmasche zum Aufsteigen in die nächste Reihe häkeln und in der zweiten festen Masche weiterhäkeln (**Aufstiegmasche zählt als erste feste Masche**).

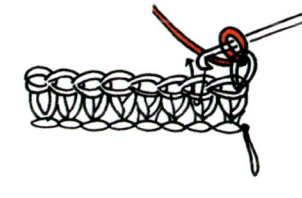

TEXTILES GESTALTEN

Das brauchst du

- mittelstarke Wolle
- Häkelnadel Nr. 3 oder 3,5
- dicke, stumpfe Nadel zum Zusammennähen
- spitze Nähnadel zum Ausgestalten
- Füllwatte
- Wackelaugen, Holzperlen, Pompons, Chenille- und Papierdraht, Filz usw.

So wird's gemacht

1 Für jedes Maskottchen brauchst du zuerst ein gehäkeltes Rechteck aus festen Maschen.

2 Dafür eine Luftmaschenkette von 20 bis 25 Luftmaschen (je nach Wunschgröße und Stärke der Wolle) häkeln, eine Luftmasche zum Aufsteigen in die nächste Reihe dazuhäkeln und 8 cm bis 10 cm in festen Maschen häkeln.

3 Wenn du die Farbe wechseln möchtest, ist es am einfachsten, die beiden Fadenenden direkt an der letzten Masche miteinander zu verknoten. So brauchst du am Ende diese Fäden nicht mehr zu vernähen.

4 Den Endfaden solltest du ca. 30 cm lang lassen. Mit ihm kannst du den Kopf zur Rundung schließen, indem du mit dem Vorstich (Seite 129) durch jede Masche fädelst und den Faden zusammenziehst.

5 Lege dann die Häkelarbeit in der Mitte zusammen und nähe mit dem gleichen Faden die Seite mit dem Überfangstich (siehe Seite 129), wobei unten die Öffnung zum Füllen offen bleibt.

6 Die gehäkelte Arbeit wird umgedreht und ausgestopft. Bei der Gestaltung des Gesichts kannst du die Näharbeit beginnen und beenden, indem du durch die Füllwatte und den ganzen Körper durchstichst. Die Augen, Nase und Mund kannst du beliebig aus Holzperlen, Pompons, Filz oder mit dem Spannstich (Seite 129) gestalten. Für die Arme oder Fühler verwendest du Papier- oder Chenilledraht.

7 Hut, Mantel und Flügel skizzierst du am besten zuerst auf Papier, schneidest sie aus und passt sie an deinem Maskottchen an. Dann schneidest du sie aus Filz aus, nähst sie eventuell zusammen (z. B. Hut) und befestigst sie an deinem Glücksbringer.

8 Noch ein paar Tipps, dann kannst du deiner Phantasie bei der Ausgestaltung deines Maskottchens freien Lauf lassen: Für die Haare schneidest du circa 5 mm breite Filzstreifen zu, fädelst sie mithilfe der Stopfnadel durch den Kopf und schneidest sie in der gewünschten Länge ab.

9 Der Wurm (Seite 113) wird einfach mit Papier- oder Chenilledraht tailliert. Die Mütze wird ebenfalls aus einem Rechteck gehäkelt. Dafür vier Luftmaschen mehr als für den Körper anschlagen und häkeln.

10 Für den Schal des Schneemanns wird nur eine Reihe dichte Maschen in die Luftmaschenkette eingehäkelt und schon ist er fertig!

11 Beim Mantel des Zauberers 3 cm unter der Stoffkante mit dem Vorstich über die ganze Länge nähen und den Filz zusammenziehen.

12 Zuletzt kannst du dein Maskottchen mit einem passend zugeschnittenen runden Filzstück unten verschließen und dieses mit dem Überfangstich befestigen.

TIPP

Alle hier gezeigten Figuren sind aus gehäkelten Rechtecken entstanden. Lass dir noch viele weitere Figuren dazu einfallen!

Wenn du die Maskottchen nicht ausstopfst, kannst du sie als Fingerpuppen für kleine Theaterstücke verwenden.

TEXTILES GESTALTEN

Weben im Rechteck und Quadrat

Wer bin ich?

Mich kann man aus fast allen Materialien herstellen, egal ob Holz, Kunststoff, Metall, Schaumgummi, Filz oder Wolle.

Mich gibt es in allen Größen, aber ich bin immer eckig und quadratisch.

Ich habe sechs Seiten, aber alle kannst du nie sehen.

Wenn du alle meine Augen zusammenzählst, ergibt das 21.

Wenn du meine gegenüberliegenden Augen zusammenzählst, ergibt das immer die Zahl 7.

Mich brauchst du für fast jedes Spiel, aber beim Gewinnen kann ich dir nicht helfen.

Manchmal habe ich keine Augen, aber dafür viele schöne Farben.

Na, erraten? Natürlich es ist der „Würfel". Heute kannst du dir selber einen Würfel weben. Es ist wirklich einfach und schnell siehst du, wie dein Würfel entsteht. Hier sind ein paar Ideen, was du mit deinen fertigen Würfeln machen kannst:

Als Farbwürfel macht er jedes deiner Spiele zu etwas Besonderem.

Wenn du mehrere Würfel fertigst, kannst du mit ihnen auch Jonglieren üben.

Mit einem Stoffmalstift kannst du die Zahlen aufmalen und den Würfel für deine Spiele nutzen.

Wenn du jeder Farbseite eine Aufgabe zuteilst, zum Beispiel bei Rot auf einem Bein hüpfen, bei Gelb ein Lied singen, bei Blau ein Gummibärchen essen usw., kannst du mit deinen Freunden ein lustiges Spiel spielen.

ZIELGRUPPE	LERNZIELE
1. und 2. Klasse	◆ Erlernen der Webtechnik und deren Grundbegriffe ◆ Umgang mit verschiedenen textilen Materialien ◆ dreidimensionale Vorstellungskraft schulen und an diesem Gegenstand umsetzen ◆ Förderung von Konzentration, Ausdauer und Feinmotorik ◆ Arbeiten mit den Grund- und Komplementärfarben ◆ Verwendungsmöglichkeiten eines Würfels ausprobieren und neue Spielmöglichkeiten entdecken

Das brauchst du

- Wollreste
- Filz
- Stoffstreifen
- evtl. Textilfilz, 4 mm stark
- Webrahmen oder Schuhkarton, Webschiffchen und Kamm
- dicke Nähnadel
- Füllwatte

So wird's gemacht

1 Wenn du keinen Webrahmen hast, kannst du aus einem Schuhkarton einen basteln. Dafür schneidest du an beiden Schmalseiten des Kartons im Abstand von ca. 1 cm 15 Schlitze ein. Die Schlitze sollten 1,5 cm tief sein. Wenn du auf deinen Schuhkarton vorher Karopapier aufklebst, ist das Einschneiden noch leichter.

2 Spanne nun die Kettfäden (das sind die Längsfäden) in die Schlitze des Kartons oder des Webrahmens ein. Beginne damit am linken unteren Schlitz und führe die Wolle zum gegenüberliegenden linken Schlitz. Durch den danebenliegenden Schlitz geht es zurück zum zweiten unteren Schlitz, durch den dritten Schlitz wieder nach oben, usw. So breit, wie du die Kettfäden spannst, so breit wird eine Würfelseite sein.

3 Lass als Anfangs- und Endfaden außen jeweils ein ca. 10 cm langes Stück hängen.

4 Wickle nun die Wolle, die Stoff- oder die Filzstreifen (das sind die Schussfäden) auf das Schiffchen. Wenn du keines hast, kannst du es aus fester Pappe zuschneiden.

5 Beginne mit dem Weben rechts unten. Fädle das Schiffchen im Wechsel über und unter die Kettfäden, in der Rückreihe immer versetzt. Diese Art zu Weben nennt man auch Leinwandbindung. Die Anfangs- und Endfäden lässt du ca. 10 cm lang hängen. Wenn du fertig gewebt hast, vernähst du die Fäden auf der Rückseite oder verknotest nebeneinanderliegende Fäden. Die Filz und Stoffstreifen lässt du einfach hängen. Sie sind später innerhalb des Würfels und somit unsichtbar.

6 Für den Würfel brauchst du zwei gewebte Rechtecke, die genau dreimal so lang wie breit sein sollten. Du beginnst beim Weben immer dann mit einer neuen Farbe, wenn z. B. ein gelbes Quadrat entstanden ist. Für die nächste Würfelseite webst du einfach z. B. mit Orange weiter. Nach dem dritten Farbwechsel, z. B. mit Blau, bist du mit einem Rechteck und damit mit drei Würfelseiten fertig. Wenn du nicht so viel weben möchtest, kannst du die fehlenden Würfelseiten auch mit Textilfilz ergänzen.

7 Die Schussfäden solltest du nicht zu stark anziehen, da sonst aus deinem Quadrat ein Trichter wird. Schneide dann die Kettfäden in der Mitte ab und verknote immer zwei Fäden dicht an der Webarbeit miteinander.

8 Lege aus dem ersten Rechteck ein „U" auf deinem Tisch. Aus dem zweiten Rechteck legst du ebenfalls ein „U". Dieses drehst du um 90° und schiebst es in das erste „U" hinein – schon ist der Würfel perfekt. Zuletzt nähst du an allen offenen Kanten mit dem Überfangstich den Würfel zusammen. Bevor du die letzte Kante schließt, stopfst du ihn noch mit Füllwatte aus.

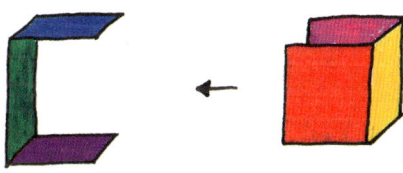

TIPP

Für die Filzstreifen schneidest du einfach ca. 1 cm breite Streifen vom Filzstück ab. Wenn du einen langen Filzstreifen zum Weben brauchst, schneide den Filzstreifen im Kreis zu. Für die Stoffstreifen eignen sich vor allem Baumwollstoffe. Diese kannst du ca. 1 cm breit einschneiden und die Streifen dann einfach herunterreißen.

Für die Kettfäden eignet sich am besten Baumwollgarn, denn es ist formstabil und reißfest.

TEXTILES GESTALTEN

Strumpfkrokodile basteln

Das Strumpfkrokodil hat wieder zugeschlagen: Als Mama mit der Wäsche aus dem Keller kam, fehlte eine Socke. Die grüne Wandersocke hat es dieses Mal erwischt. Mama meint, ich hätte sie verloren, wahrscheinlich läge sie unter meinem Bett oder noch in der Tasche. Aber da ist sie nicht! Das Strumpfkrokodil muss sie gefressen haben! Aber wo in der Waschmaschine lebt es? Warum frisst es nicht auch mal ein T-Shirt? Und warum fehlt nach dem Waschen immer nur eine Socke, nie ein ganzes Paar? Ist das Strumpfkrokodil etwa so klein, dass nur eine Socke in seinen Magen passt?

Wie mag das sockenfressende Monster wohl aussehen? Vielleicht hat es große Zähne, damit es gut an den Wollfäden ziehen kann? Eine Nase hat es eher nicht, sonst würde es bestimmt keine Socken fressen! Und wie groß sind wohl die Augen?

Da kommt mir eine Idee: Ich bastle aus der übrig gebliebenen grünen Socke mein eigenes Strumpfmonster. Beim nächsten Waschen stelle ich mich damit vors Waschmaschinenfenster, und wenn das Strumpfkrokodil auftaucht, erschrecke ich es!

ZIELGRUPPE
3. und 4. Klasse

LERNZIELE
- ◆ Anregen der Phantasie
- ◆ Verbinden verschiedenster Techniken (Schneiden, Kleben, Nähen) und Materialien
- ◆ sorgfältiges, konzentriertes und ausdauerndes Arbeiten
- ◆ selbständiges Kombinieren und Auswählen geeigneter Materialien
- ◆ sinnvolle Abfolge der Arbeitsschritte einhalten

Das brauchst du

- alter Strumpf
- dünne Pappe
- Filz
- Ausgestaltung: Wolle, Chenilledraht, Knöpfe, Tischtennisbälle
- Klebstoff
- Nadel, Schere
- Kopierpapier, Zirkel
- Buntstifte, evtl. Filzstifte

STRUMPFKROKODILE

So wird's gemacht

1 Lege den Strumpf auf den Tisch, so dass die Sohle flach aufliegt. Schneide ihn dann je nach gewünschter Maulgröße entlang der Zehenpartie auf. Lass dir dabei von deinen Eltern helfen! Wähle die besser passende Schablone (Seite 156/157) aus und übertrage sie mit Kopierpapier auf Pappe. Länge, Breite und Krümmung des Mauls kannst du nach Belieben und Strumpfgröße variieren. Dabei kommt es nicht auf Millimeter an, Strümpfe sind dehnbar! Ritze die Knicklinie mit der Zirkelspitze leicht an.

2 Schneide das Pappmaul aus, übertrage es anschließend für das Maulinnere einmal auf Filz (mit Buntstift oder Filzstift) und schneide es ebenfalls aus.

3 Knicke das Maul an der gestrichelten Linie, öffne dann den Strumpf und lege die Pappe ein. Bestreiche die Pappe auf der Innenseite des Maules am Rand mit Klebstoff, ziehe den überstehenden Strumpfrand nach innen und klebe ihn fest. Das ist ein bisschen schwieriger, lass dir am besten wieder helfen! Allzu dicke Falten auf der Innenseite kannst du etwas abschneiden.

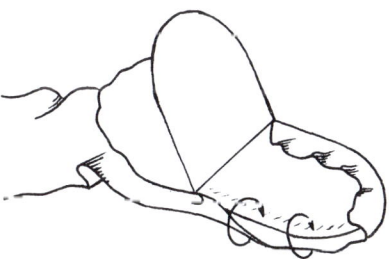

4 Klebe dann den zugeschnittenen Filz in das Maul. Achtung: Zuviel Klebstoff drückt durch den Filz durch! Damit ist der „Rohbau" des Strumpfkrokodils fertig!

5 Jetzt kannst du das Krokodil nach Belieben verzieren und gestalten: es bekommt Augen, Zähne, eine Zunge usw. Aus Chenilledraht, den du um einen Stift zur Spirale wickelst, lassen sich beispielsweise gut Hörner machen. Es empfiehlt sich allerdings, diese mit einem Stich anzunähen, da sie so besser halten.

6 Auch Wollhaare lassen sich auf diese Weise gut befestigen. Als Augen kannst du zum Beispiel Knöpfe, Tischtennisbälle oder Wattekugeln nehmen (in die Tischtennisbälle einfach zwei kleine Löcher stechen und sie dann annähen). Deiner Phantasie sind keine Grenzen gesetzt.

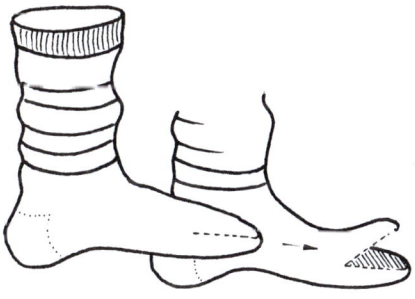

TEXTILES GESTALTEN

Rundweben mit Luftmaschenketten

Ein kleiner Marienkäfer streifte durch den Wald. Sein Name war Luis, er war ein wilder Kerl. Am liebsten hüpfte er von Ast zu Ast, flog auf die schönsten Blätter und machte Purzelbäume vor Freude, weil er das Leben so schön fand. Seine Freundin, die Sonne, war meistens mit dabei und lachte oft über die tollen Hüpfer, Sprünge und Späße von Luis, dem Marienkäfer.

Eines Tages kam eine dunkle Wolke und so sehr die Sonne auch kämpfte, sie konnte die Wolke nicht vertreiben. So kam es, dass es im Wald plötzlich finster und kalt wurde. Plötzlich hörte Luis von überall her komische Geräusche und sah leuchtende Augen zwischen den Zweigen hervorblitzen. Er hatte fürchterliche Angst und lief so schnell er konnte zur Wiese. „Aua", schrie der kleine Marienkäfer. Er hatte in der Dunkelheit einen Ast übersehen und war gestolpert. Sein Flügel und sein Bein taten so weh, dass er kaum mehr voran kam. Die gefährlichen Tiere des Waldes kamen immer näher, als er aus dem Laub plötzlich eine Stimme hörte. „Schnell, komm zu mir", rief die Schildkröte Serafin. Mit letzter Kraft schleppte sich Luis zur Schildkröte und schlüpfte unter ihren Panzer. Beide trauten sich kaum zu atmen und sahen sich mit ängstlichen Augen an.

Auf einmal wurde es wieder hell und warm, die Sonne hatte ihren Kampf gegen die Wolke gewonnen und leuchtete den beiden nun den Weg zur Wiese. Vorsichtig streckten sie ihre Köpfe heraus. Die dunklen Tiere des Waldes waren verschwunden und so trug die Schildkröte den verletzten Luis auf ihrem Panzer zum sonnigen Blumenmeer. Schon bald waren sämtliche Tiere versammelt, um von dem tollen und gefährlichen Abenteuer zu hören und gemeinsam konnten sie dann über ihre Angst lachen.

ZIELGRUPPE
4. Klasse

LERNZIELE

- Erlernen des Rundwebens
- selbständige Planung, Durchführung und Gestaltung eines kleinen Gegenstandes
- Garneigenschaften auf Gestaltungsmöglichkeiten und Verwendungszweck erkennen (Schussfäden, Kettfäden usw.)
- Förderung von Kreativität und Phantasie
- harmonische Farbzusammenstellungen erkennen
- Förderung von Konzentration, Ausdauer und Feinmotorik

Das brauchst du

- Häkelnadel Nr. 3 oder 3,5
- Wolle
- Rundwebrahmen oder fester Karton
- Webnadel
- Nähnadel
- Textilfilz, 4 mm stark
- Füllwatte
- für die Verzierungen: Holzperlen, Pompons, Wackelaugen, Filz, Chenille- oder Papierdraht

So wird's gemacht

1 Falls du keinen Rundwebrahmen hast, kannst du die Vorlage auf Seite 156 auf einen starken Karton übertragen und ausschneiden. Befestige den Anfangsfaden mit einem Klebestreifen auf der Rückseite und spanne nun die Kettfäden, indem du den Faden immer über die Mitte nach unten führst (die Durchnummerierung der Einkerbungen hilft dir dabei). Die Kettfäden laufen über die Rückseite wieder nach oben.

2 Da die Kettfäden eine ungerade Anzahl haben, endet der Faden in der letzten Einkerbung. Lege ihn nach vorne, schneide ihn ab und fädle den Faden in die Webnadel ein. Benutze den Faden so für die ersten Runden als Schussfaden zum Weben. Führe die Nadel im Wechsel über und unter die Kettfäden und ziehe den Faden nach der ersten Runde fest an, so dass die Mitte des „Panzers" entsteht. Nun kannst du weiter von innen nach außen weben und die Farben dabei beliebig wechseln.

3 Um einen möglichst dicken und dichten „Panzer" zu bekommen, kannst du aus Wolle Luftmaschenschnüre häkeln (Seite 113) und diese als Schussfaden zum Rundweben verwenden. Damit wird dein „Panzer" besonders schnell fertig.

4 Wenn du eine neue Farbe verwenden möchtest, musst du die Fäden nur aneinanderknoten.

5 Hat dein „Panzer" die gewünschte Größe erreicht, schneidest du auf der Rückseite in der Mitte die Kettfäden auseinander und knotest immer zwei Fäden dicht an deiner Webarbeit zusammen. Dein „Panzer" ist jetzt schon nach oben hin gewölbt.

6 Damit beim Aufnähen des „Panzers" nichts verrutscht, kannst du ihn mit Stecknadeln fixieren.

7 Für die Sonne schneidest du drei Dreiecke, ca. 15 cm hoch, aus Textilfilz in verschiedenen Farben zu. Lege diese etwas verdreht aufeinander und nähe den Panzer mit Überfangstichen darauf fest. Bevor die Öffnung ganz geschlossen ist, stopfst du die Sonne noch mit Füllwatte aus.

8 Den Körper des Marienkäfers und der Schildkröte stellst du mithilfe eines Faltschnittes her. Falte dafür ein weißes A4-Papier längs zur Mitte und zeichne eine Körperseite darauf, schneide sie aus und falte sie wieder auf. Achte darauf, dass der Körper mindestens 1 cm größer als der „Panzer" ist. Gegebenenfalls korrigierst du die Form noch etwas, überträgst deinen Körper auf Textilfilz und schneidest ihn aus. Nähe den „Panzer" wie bei der Sonne beschrieben an.

9 Gesicht, Fühler und Krallen kannst du beliebig mit Holzkugeln, Pompons, Chenille- oder Papierdraht und Garn ausgestalten.

TEXTILES GESTALTEN

Freundschaftsbänder knüpfen

Der Brauch, seinen Freunden Freundschaftsbänder zu schenken, stammt aus Brasilien. Der Glücksbringer wird aus Wolle oder Garn geknüpft. Man sollte ihn Tag und Nacht tragen, bis er sich von allein auflöst. Wer das beachtet, erhält auch seine Freundschaft, glauben die Brasilianer. Wenn man nur drei Knoten beherrscht, kann man einfache Freundschaftsbänder herstellen. Die drei Knoten stehen für drei Herzenswünsche, um deren Erfüllung der Träger des Bändchens bitten darf. Wenn das Band so abgenutzt ist, dass es zerreißt, steigen die Brasilianer auf den Berg von Bahia und erinnern sich an ihre Wünsche. Danach lassen sie das Band in der Kirche Fita do Don Bonfim segnen. Dann warten sie die siebte Welle ab, bis sie das Band ins Meer werfen. Sie glauben, dass sich so ihre drei innigsten Wünsche erfüllen.

| ZIELGRUPPE ab 2. Klasse | LERNZIELE | ◆ Erlernen verschiedener Knotentypen
◆ Förderung der Feinmotorik | ◆ ausdauerndes und konzentriertes Arbeiten
◆ Ausprobieren verschiedener Muster und Farben |

Das brauchst du

- Wolle, gewachste Schnüre oder dünne Lederbänder
- Schere

So wird's gemacht

Dreifarbiges Band

1 Du brauchst je zwei Fäden von jeder der drei Farben (z. B. lila, pink, gelb). Mache nach ca. 15 cm einen Überhandknoten in die Fäden. Ordne sie wie folgt an: gelb – pink – lila.

2 Knüpfe die senkrechten Rippenknoten von links nach rechts. Beginne mit der linken gelben Schnur und knote sie um die zweite gelbe, die pink- und die lilafarbenen Schnüre. In der zweiten Reihe nimm die zweite gelbe Schnur und verknote sie um die anderen. In der dritten Reihe machst du fünf Knoten mit der ersten pinkfarbenen Schnur, in der vierten Reihe mit der zweiten, in der fünften mit der ersten lilafarbenen usw.

3 Löse den Überhandknoten, flechte an beiden Seiten ca. 6 cm Kordel und fixiere das ganze wieder mit einem Überhandknoten.

Zweifarbiges Band

1 Du brauchst von einer Farbe vier (z. B. weiß), von der anderen Farbe zwei Fäden (z. B. lila). Mache nach ca. 15 cm einen Überhandknoten.

2 Ordne die beiden lila Schnüre in der Mitte an und knüpfe aus beiden Schnüren einen waagerechten Rippenknoten. Mit diesen Fäden als Leitfäden schräg zu jeder Seite hin zwei weiße Rippenknoten fertigen. Zweite Reihe: Einen waagerechten Rippenknoten aus den mittleren beiden Fäden ausführen und diese beiden Fäden als Leitfäden verwenden. Beliebig oft wiederholen.

3 Löse den Anfangsknoten und mache beidseitig jeweils mit dem äußeren weißen Faden drei gegenseitige Schlingenknoten über einen weißen und einen lila Leitfaden. Flechte 6 cm und fixiere das Ganze mit einem Überhandknoten.

Knotenanleitung

Überhandknoten

Waagerechte Rippenknoten

Ein Rippenknoten besteht aus zwei Schlingen. Drei oder mehrere Fäden parallel legen, einen äußeren Faden waagerecht nach rechts bzw. links legen, als Leitfaden spannen und mit den danebenliegenden Fäden jeweils zwei Schlingen darüber knüpfen. Beim Arbeiten immer den Knoten mit den Fingern zum vorhergehenden „rollen". Wird der Leitfaden genau waagerecht gelegt, wird die Knotenreihe leicht schräg. Wird der Leitfaden etwas nach oben gelegt, wird die Knotenreihe genau waagerecht. Wichtig: Der Leitfaden muss immer straff bleiben.

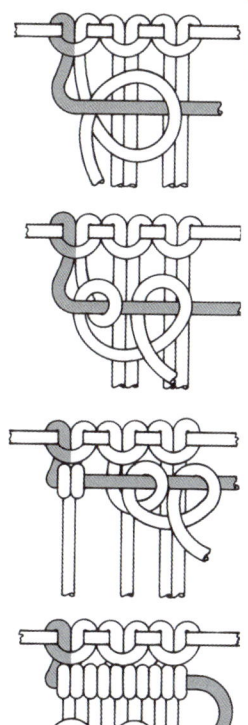

Senkrechte Rippenknoten

Hier wird der Knüpffaden unter den Leitfaden gelegt und pro Knoten zweimal um diesen geschlungen. Die Ausführung ist von links oder rechts möglich.

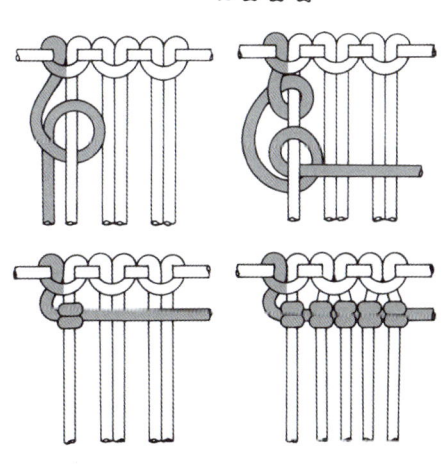

Gegenseitiger Schlingenknoten

Der rechte Knüpffaden wird über den Leitfaden/die Leitfäden gelegt und durch die entstandene Öse gezogen. Lege dann den Knüpffaden unter den Leitfaden/die Leitfäden und ziehe den Knüpffaden durch die entstandene Öse.

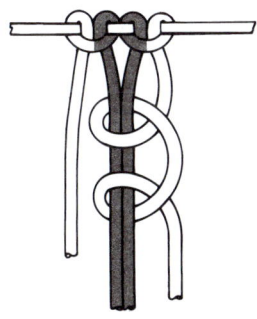

TEXTILES GESTALTEN

Perlenarmbänder weben

Jedes Jahr im Februar ist es soweit: Die Gesellschaft für deutsche Sprache in Wiesbaden veröffentlicht die Liste der beliebtesten Vornamen. Dafür sammeln die Wissenschaftler die standesamtlich eingetragenen Namen aller Neugeborenen eines Jahres und listen sie nach ihrer Häufigkeit auf. Schon seit 1996 sind bei den Top 3 der Jungennamen Maximilian und Alexander dabei, seit 1999 führen Marie, Maria und Sophie die Hitliste der Mädchennamen an.

Es gibt viele Gründe, warum sich Eltern für einen bestimmten Namen entscheiden: zum Beispiel der Klang des Namens (auch im Zusammenspiel mit dem Nachnamen) oder zu Ehren lieber Verwandte oder Freunde, modische Erscheinungen und vielleicht auch die Bedeutung eines Namens. Maximilian zum Beispiel kommt aus dem Lateinischen und bedeutet „groß, am größten". Kaiser Maximilian I. (1459-1519), der auch „Der letzte Ritter" genannt wird, ist ein bekannter Namensvertreter. Maria kommt aus dem Hebräischen und bedeutet unter anderem „die Schöne". Mit der Herkunft und Bedeutung beschäftigen sich Namensforscher, so genannte „Onomastiker" (griechisch für Namenswissenschaftler).

Seit wann die Menschen sich Namen geben, ist nicht belegt. Warum, liegt aber auf der Hand: Stelle dir nur einmal vor, alle um dich herum hätten plötzlich keinen Namen mehr. Wie würdest du dann deine Freundin rufen? Etwa: das große blonde Mädchen mit den Sommersprossen? – Sicherlich nicht! Es gäbe viel zu viele Verwirrungen und wäre sehr langwierig, die richtige Person zu benennen. Deshalb haben wir Namen. Und weil es oft ganz viele Menschen mit dem gleichen Vornamen gibt, haben wir auch noch Nachnamen. Auch die haben übrigens ihre eigene Bedeutung.

ZIELGRUPPE ab 1. Klasse	LERNZIELE	◆ Kennenlernen einer traditionellen Webtechnik ◆ Herstellen eines Gewebes ◆ Armbandlänge an den eigenen Arm anpassen	◆ „Malen" mit Perlen ◆ neue Webmuster erfinden ◆ Arbeiten mit Farbkontrasten

Das brauchst du

- Perlenwebrahmen, Perlenwebnadel
- Einfädler
- Nähgarn in verschiedenen Farben
- Rocailles oder Indianerperlen, ø 2 mm und 2,5 mm
- Holzperlen, ø 4 mm
- Kettenverschlüsse
- Kraft- oder Schmuckkleber
- Schere

So wird's gemacht

1 Spanne die Kettfäden auf den Webrahmen. Dazu knotet man das Nähgarn am Querhölzchen fest, zieht den Faden durch die Schlitze auf der anderen Seite, legt ihn um die Holzköpfe und spannt ihn dann wieder zurück zum Querhölzchen. Anschließend wird der Faden um das Querhölzchen gelegt und wieder durch die Schlitze zu den Holzköpfchen gespannt. Fahre so fort, bis die Anzahl an benötigten Kettfäden erreicht ist. Wichtig ist, dass die Kettfäden straff gespannt sind. Der Abstand zwischen den Fäden hängt von der Größe der Perlen ab.

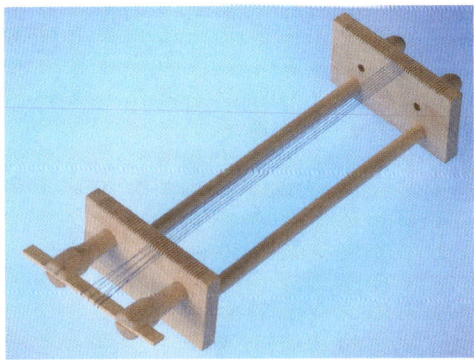

2 Man benötigt immer einen Kettfaden mehr, als man Perlen in einer Reihen webt. Möchtest du zum Beispiel mit sieben Perlen weben, musst du acht Kettfäden straff spannen.

3 Wickle das Fadenende mehrmals um einen der Holzknöpfe und befestige es mit Klebefilm am Rahmen. Über die Schlitze kannst du auch Klebefilm kleben, damit die Fäden nicht herausrutschen.

4 Knote nun einen ca. 75 cm langen Faden – das ist der Schussfaden, der zum Weben dient – unten am äußeren linken Kettfaden fest. Ziehe das andere Fadenende mithilfe eines Einfädlers durch die Perlenwebnadel.

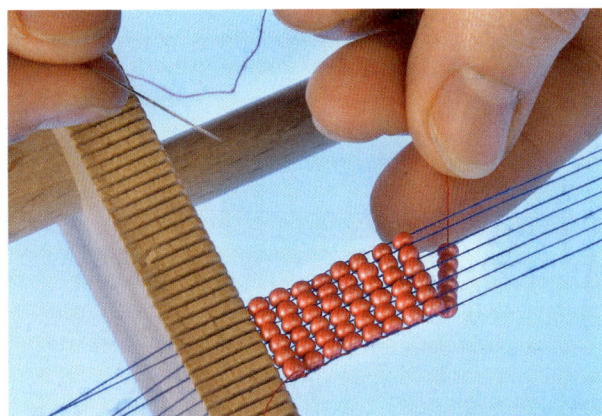

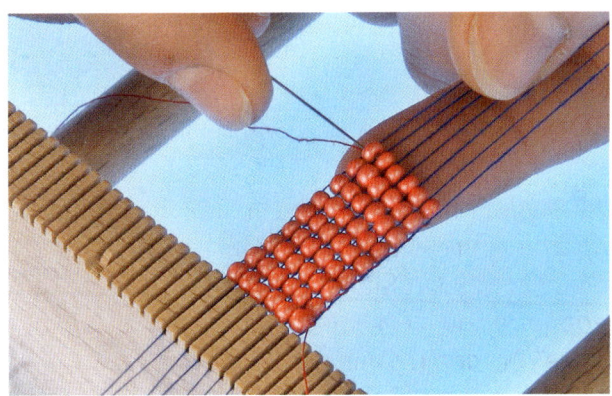

5 Fädle die Perlen der ersten Reihe gemäß der Zählvorlage auf und lege sie von links nach rechts unter die Kettfäden. Drucke dann die Perlen einzeln zwischen die Kettfäden. Führe danach die Nadel samt Faden von rechts nach links oberhalb der Kettfäden durch die Perlen. Ziehe den Faden stets gut fest und schiebe die einzelnen Reihen eng zusammen. Webe gemäß Zählvorlage weiter.

6 Der Schussfaden wird vernäht, indem du ihn durch einige Perlenreihen zurückfädelst. Schneide das Fadenende ab. Benötigst du einen weiteren Schussfaden, so wird dieser wieder an den linken äußeren Kettfaden geknotet.

7 Löse die Kettfäden auf beiden Seiten und verknote die benachbarten Fäden miteinander. Verziere dann die Fadenenden mit Perlen und knote die Verschlüsse fest. Damit die Knoten gut halten, gebe auf alle einen Tropfen Klebstoff.

8 Der Schussfaden kann durch sämtliche Reihen zurückgefädelt werden. So wird das Schmuckstück zusätzlich gesichert und besonders haltbar.

TIPP Spanne die äußeren Kettfäden doppelt, um der Perlenarbeit noch mehr Stabilität zu geben.

TEXTILES GESTALTEN

So wird's gemacht

Namensbänder

1 Spanne acht Kettfäden auf den Perlenwebrahmen und webe den Namensschriftzug entsprechend der Zählvorlage mit den Perlen (z. B. ø 2 mm bei Janosch und Annabelle, ø 2,5 mm bei Daniel).

2 Löse das Gewebe nach der letzten Reihe vom Rahmen und teile die Fäden pro Seite in zwei Stränge. Fädle auf jeden Strang die gleiche Anzahl Perlen auf. Nehme anschließend die beiden Fadenstränge jeder Seite zusammen und fädle noch einmal ein paar Perlen auf. Oder du fädelst – wie bei „Annabelle" – die Perlen gleich über alle Fäden. Bei den Abschlussverzierungen können Rocailles oder Indianerperlen (ø 2 mm und 2,5 mm) und Holzperlen (ø 4 mm) kombiniert werden.

3 Knote danach den Drehverschluss fest und schneide die überstehenden Fäden ab.

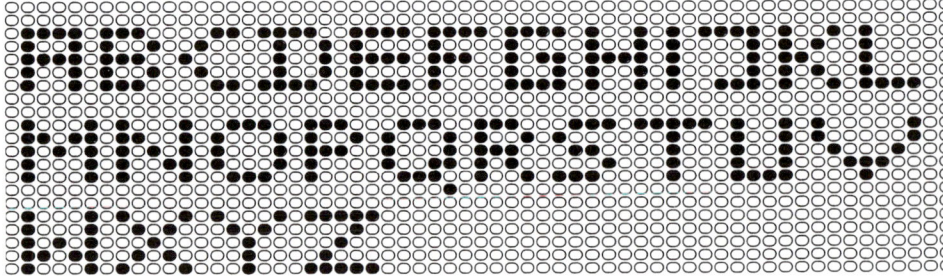

Orange-gelbes Armband

1 Spanne 13 Kettfäden auf den Perlenwebrahmen. Webe das Muster entsprechend der Zählvorlage. Beginne an der Spitze des unteren Dreiecks. Binde einen 75 cm langen Faden am fünften Kettfaden fest, fädle vier gelbe Rocailles (ø 2 mm) auf, die du von unten her zwischen den fünften, sechsten, siebten, achten und neunten Kettfaden drückst. Führe den Schussfaden von rechts durch die Perlen zurück. Fädle für die zweite Reihe sechs Perlen auf, drücke sie von unten her zwischen die betreffenden Kettfäden und fahre nach dem beschriebenen Webprinzip fort.

2 Zum Schluss ziehe über alle Fäden auf beiden Seiten drei Holzperlen (ø 4 mm). Teile anschließend die Fäden und ziehe einen Fadenstrang wieder durch die letzte Holzperle zurück. Verknote dann beide Fadenstränge miteinander. Das Armband hat keinen Verschluss, es wird zum Verschließen verknotet.

Bienenarmband

1 Spanne sieben Kettfäden auf den Perlenwebrahmen und webe das Muster nach Zählvorlage, die Flügel werden danach gearbeitet.

2 Die Flügel werden in der zehnten, 15. und 30. Reihe eingearbeitet. Ziehe dafür jeweils einen doppelten, 50 cm langen Faden durch die Reihe, so dass 10 cm auf einer Seite hängen bleiben. Fädle zwölf Perlen für den Flügel auf. Führe dann den Faden zur anderen Seite zurück und bringe hier ebenso die Flügelperlen an. Verknote die beiden Fadenenden mehrmals miteinander.

3 Löse abschließend die Arbeit vom Rahmen und ziehe auf die Fadenenden zu beiden Seiten des Armbandes Holzperlen (ø 4 mm) auf. Knüpfe danach den Ringverschluss an und schneide die überstehenden Fäden ab.

TEXTILES GESTALTEN

Portraits sticken

Das Sticken hat eine lange Geschichte, die einige Tausend Jahre zurückreicht und uns bis nach China, Indien und Ägypten führt.

Im Mittelalter wurde das Sticken in Nonnenklöstern, auf Ritterburgen oder an Fürstenhöfen gepflegt. Dabei entstanden kunstvolle Stickereien wie der 7 m lange „Teppich von Bayeux", auf dem die Eroberung Englands im Jahre 1066 durch den Normannenherzog Wilhelm der Eroberer dargestellt ist. Auch der goldbestickte Krönungsmantel des Königs Stephan von Ungarn oder das „Telgter Hungertuch", das die Passionsgeschichte darstellt, stammen aus dieser Zeit. Im 16. Jahrhundert kamen Stickmusterbücher, so genannte Modelbücher, auf. Nach den darin enthaltenen Anregungen fertigten Mädchen zwischen neun und 15 Jahren Stickmustertücher an, die zum Üben, Aufbewahren und Sammeln der Muster verwendet wurden.

Mit der Nadel kann man auch zeichnen. Die Linen werden vor dem Sticken im gleichmäßigen Abstand mit einer spitzen Nähnadel gelocht. Gestickt wird im einfachen Vorstich.

Man stickte Alphabete, biblische Motive und ab dem 18. Jahrhundert auch Fremdartiges wie exotische Vögel und orientalische Muster. Die Stickmustertücher wurden von Generation zu Generation weitergereicht, da die Musterbücher für die meisten Leute unerschwinglich waren.

In der Biedermeierzeit (1815-48) begann man, die Tücher mit naturalistischen Mustern zu besticken. Blüten in Füllhörnern oder als Kränze arrangiert waren sehr beliebt. In dieser Zeit kamen auch immer mehr Stickvorlagenbücher auf, so dass die Stickmustertücher ihren Wert als Vorlage langsam verloren und fortan vor allem als Zierde an der Wand verwendet wurden.

ZIELGRUPPE ab 2. Klasse

LERNZIELE
- Entwerfen einer Format füllenden Figur mit typischen Gesichtsbestandteilen
- „Zeichnen" mit Nadel und Faden
- Erfinden von Mustern
- Kennenlernen unterschiedlicher Stiche
- Herstellen von gestickten Flächen

Die zwölf wichtigsten Stickstiche

Der Vorstich

heißt auch waagerechter Stich, liegender Stich, Heftstich oder Reihstich. Er ist der einfachste Stich. Durch verschiedene Stichlängen und Reihen entstehen hübsche Muster. Auf den Gemälden der beiden Holbeins aus dem 16. Jahrhundert sieht man Gewänder mit dieser Stickerei. Deshalb heißt der Vorstich auch Holbeinstich.

Der Spannstich

heißt auch senkrechter Stich, stehender Stich, Plattstich, Flachstich, Wickelstich oder Gobelinstich. Er ist leicht zu sticken, muss aber gleichmäßig gearbeitet werden, damit er gut aussieht.

Der Steppstich

ist ein wichtiger Linienstich. Er besteht aus gleichlangen, ganz eng aneinanderstoßenden Stichen. Wenn zwischen den Stichen eine Lücke gelassen wird, heißt er Rückstich oder Hinterstich.

Der Stielstich

ist ein sehr dekorativer Linienstich. Seinen Namen hat er, weil man ihn gerne für Stiele und Zweige verwendet. Auf der Rückseite sieht er aus wie der Steppstich.

Der schiefe Stich

ist ein sehr vielseitiger Stich. Ganz eng gestickt heißt er auch Petit point. Ganz klein und in verschiedenen Richtungen gestickt, ist er als Perl- oder Sandstich bekannt.

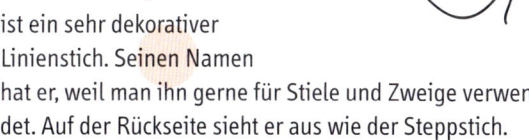

Der Überfangstich

heißt auch Aufnähstich, Überwindelstich, Klosterstich oder Sparstich. Mit ihm lassen sich nicht nur Stickgarne, sondern auch dicke Schnüre, Luftmaschenketten, Leder- oder Metallstreifen aufnähen.

Der Kettenstich

kann von oben nach unten und von rechts nach links gearbeitet werden. Er eignet sich sehr gut für Bogen- und Blütenformen. Als Blüte angeordnet, heißt er Margeritenstich.

Der Zickzackstich

ist sehr beliebt und dekorativ. Er lässt sich in der Höhe und in der Breite verändern und sowohl für Bordüren als auch für Flächenfüllungen verwenden.

Der Hexenstich

erfordert schon etwas Erfahrung im Sticken. Er kann in der Höhe und in der Breite verändert werden. Auf der Rückseite entstehen zwei Reihen Rückstiche.

Der Kreuzstich

besteht aus zwei Einzelstichen, die sich kreuzen. Zuerst den Grundstich von links unten nach rechts oben und darüber den Deckstich von links oben nach rechts unten sticken. In der Geschichte der Stickerei spielt der Kreuzstich eine ganz wichtige Rolle.

Der Schlingstich

hat seinen Namen davon, dass beim Sticken immer eine Schlinge unter die Nadel gelegt werden muss. Man nennt ihn auch Feston- oder Langettenstich. Er wird gerne als Kantenabschluss verwendet. In der Weißstickerei ist er von großer Bedeutung.

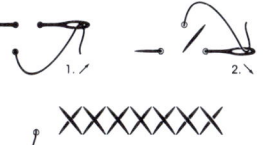

Der Sternstich

besteht aus vier Einzelstichen. Er ist als Reihe oder Einzelmotiv sehr dekorativ. Die schrägen Stiche lassen sich so verändern, dass jeder Stern ein Quadrat ausfüllt.

TEXTILES GESTALTEN

Das brauchst du

- Stick-, Web-, Strick- und Häkelgarn
- Sticknadel
- Schere
- Standard- oder Feinrupfen
- weicher Bleistift, Bunt- oder Filzstift, Stecknadeln, evtl. Kopierpapier

So wird's gemacht

1 Zeichne den Kopf auf Papier und schneide ihn aus. Befestige dann das Papier mit Stecknadeln auf dem Rupfen und umfahre es mit einem weichen Bleistift. Du kannst auch einen Buntstift, Kreide oder einen Filzstift verwenden.

2 Zeichne Augen, Nase und Mund frei auf. Wer die Skizze vom Papier in allen Einzelheiten auf den Stoff übertragen möchte, kann natürlich auch Kohlepapier unter die Zeichnung legen und alle Linien mit einem Kugelschreiber nachfahren.

3 Sticke dann alle Linien im Vorstich nach. Die Stichlänge beträgt ca. 5 mm. Der Stickfaden sollte so dick sein, dass er den Strich der Vorzeichnung verdeckt.

4 Setze nun eine zweite Reihe Vorstiche in die Lücken der ersten Stiche. Bei genauer Arbeit zeigen Stoffober- und -unterseite genau das gleiche Muster. Selbstverständlich können Geübte die Linien auch im Steppstich, Stielstich oder Überfangstich nachsticken.

5 Versuche beim Ausarbeiten des Gesichtes und der Bekleidung kontrastreich zu arbeiten, d. h. mit Gegensätzen: wechsle helle und dunkle sowie leuchtende und stumpfe Farben ab, arbeite in warmen (rot, orange, gelb) und kalten Farben (blau, grün). Achte auf die Einteilung deiner Fläche, arbeite in größeren und kleineren Farbfeldern. Für die Befestigung der Zöpfe wurde der Überfangstich verwendet. Ansonsten reichen für die Gesichter waagerechte und senkrechte Stiche.

6 Bei Bildern kann der Arbeitsfaden auf der Rückseite verknotet oder verklebt werden. Bei Gebrauchsgegenständen sollte der Faden auf der Rückseite immer wenigstens sechs Stiche lang vernäht werden.

TIPP

Achte auf die Größe deiner Sticknadel. Du hast die richtige Nadelstärke gewählt, wenn sich der Faden gut einfädeln lässt, sich der Stoff gut durchstechen lässt und der Stickfaden das gestochene Loch gut ausfüllt.

Werken mit Holz

Bäume liefern tolle Bastelmaterialien: Ihr Holz hat die verschiedensten Eigenschaften, ist hart oder weich, dunkel oder hell getönt, glatt oder sägerau – kurzum es ist ein Werkstoff, den man gerne anfasst. Auch mit Korken, hergestellt aus der Rinde des Baumes, lässt sich Originelles basteln.

Auf den folgenden Seiten zeigen wir dir unterschiedliche Anregungen, was du mit Holz und Korken machen kannst: fünf originelle Marionetten aus Holzkugeln sind dabei, Portraits als Fadenspannbilder, ein von Skandinavien inspirierter Kerzenhalter und sogar ein verblüffender Kletterballon und eine Ritterburg. Lege Laubsäge, Bohrer, Schleifpapier, Nägel, Zange, Klebstoff und Farbe bereit, schon kann das Werken beginnen!

Das Tolle an diesen Basteleien: Du kannst danach kleine Theaterstücke damit aufführen, Freunde überraschen und hast Geschenke für deine ganze Familie.

WERKEN

Kugelfiguren-Marionetten

Trommelwirbel – und das Theaterstück beginnt. Das Kasperle stakst auf die Bühne, wackelt mit seinem kleinen Holzkopf und beginnt sein fröhliches Geplapper. Seine Ausführungen unterstützt es mit vielen Gesten, die Arme wirbeln nur so umher. Lange Fäden reichen weit über die Figur hinaus und sie zuckt und wirbelt herum. – Willkommen im Marionettentheater!

Marionetten sind bewegliche Gliederpuppen, die von einem hinter der Bühne stehenden Marionettenspieler mithilfe von Fäden bewegt werden. Viele Marionetten werden aus Holz geschnitzt oder aus Hartschaum, Latex, Papier und Holzmaché gebaut. Anders als bei Handpuppen können mit Marionetten ganze Figuren dargestellt und bewegt werden.

Im 19. Jahrhundert begann man Theaterstücke und Opern auf die Marionettenbühne zu übertragen. Besonders beliebt sind Opern Mozarts. Das Kasperle der „Augsburger Puppenkiste" kam so schon zu der Rolle des Dieners Don Giovannis in „Don Giovanni und der steinerne Gast".

ZIELGRUPPE
3. und 4. Klasse

LERNZIELE
- ◆ Bewegungsprinzip einer Marionette verstehen
- ◆ Anpassung geeigneter Proportionen
- ◆ Erfinden unterschiedlicher Typen
- ◆ phantasievolle Gestaltung
- ◆ Kombinieren unterschiedlicher Materialien (Holz, Moosgummi, Filz, Plüsch, Farbe etc.)
- ◆ Förderung der Ausdauer und Feinmotorik

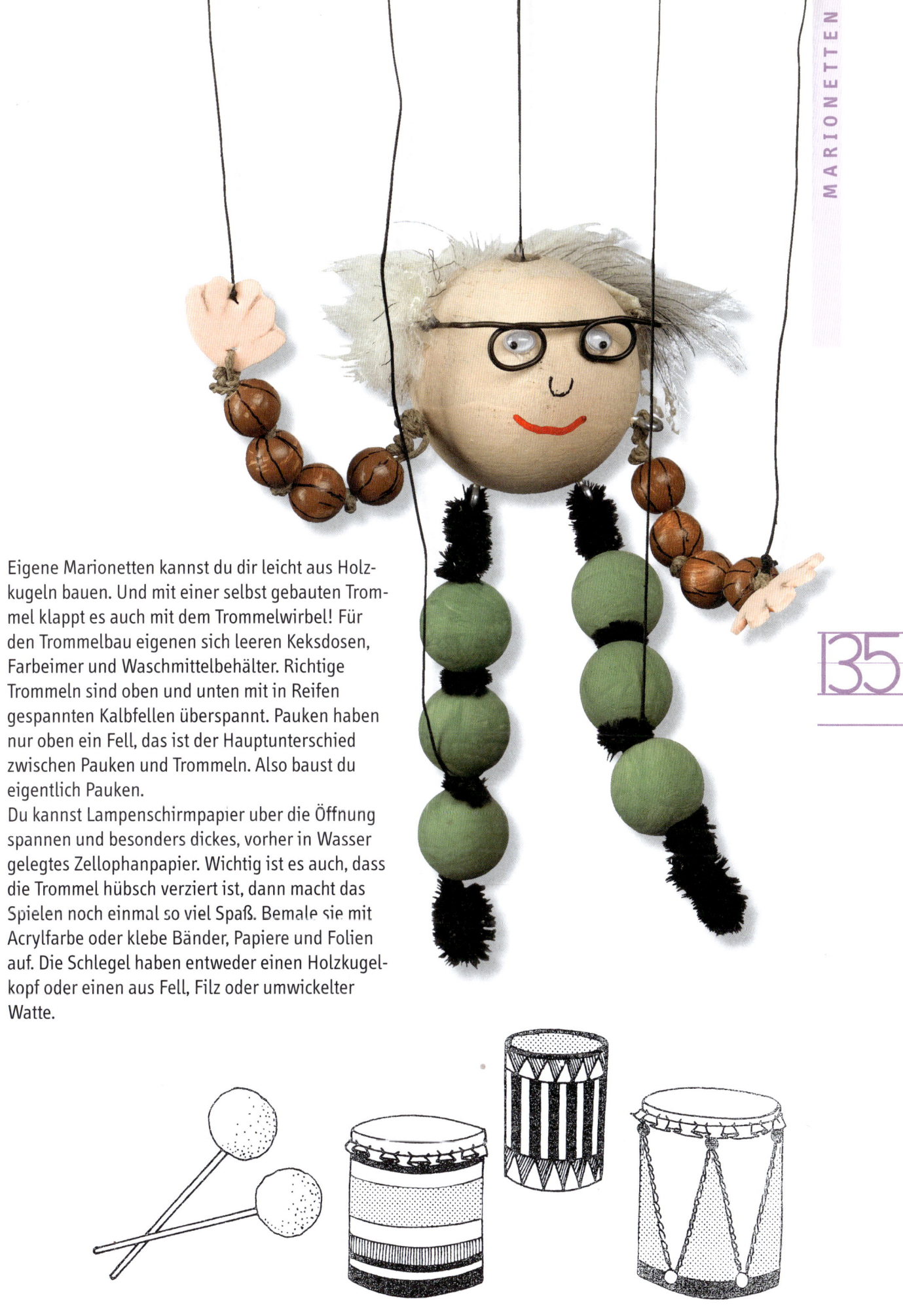

Eigene Marionetten kannst du dir leicht aus Holzkugeln bauen. Und mit einer selbst gebauten Trommel klappt es auch mit dem Trommelwirbel! Für den Trommelbau eigenen sich leeren Keksdosen, Farbeimer und Waschmittelbehälter. Richtige Trommeln sind oben und unten mit in Reifen gespannten Kalbfellen überspannt. Pauken haben nur oben ein Fell, das ist der Hauptunterschied zwischen Pauken und Trommeln. Also baust du eigentlich Pauken.

Du kannst Lampenschirmpapier uber die Öffnung spannen und besonders dickes, vorher in Wasser gelegtes Zellophanpapier. Wichtig ist es auch, dass die Trommel hübsch verziert ist, dann macht das Spielen noch einmal so viel Spaß. Bemale sie mit Acrylfarbe oder klebe Bänder, Papiere und Folien auf. Die Schlegel haben entweder einen Holzkugelkopf oder einen aus Fell, Filz oder umwickelter Watte.

WERKEN

Das brauchst du

- durchbohrte Holzkugeln in verschiedenen Größen (z. B. 7 cm und 1,5 cm, ø 1 cm)
- Marionettenkreuz
- Marionettenfäden, ø 0,2 mm, Chenilledraht
- Acrylfarbe
- Pinsel, Becher mit Wasser, Mallappen
- zur Ausgestaltung: Moosgummi, Filz, Wackelaugen, Plüsch, Draht usw.
- kleine Ringschrauben
- altes Hemd o. Ä., Zeitung als Unterlage
- Klebstoff
- wasserfeste Filzstifte
- Vorstecher, Zange
- Zahnstocher
- evtl. Styropor

So wird's gemacht

1 Bemale zuerst die Kugeln mit Acrylfarbe. Stecke sie dazu auf Zahnstocher. In die große Kugel steckst du von beiden Seiten mehrere Zahnstocher. So kannst du die Kugeln rundum gut bemalen und sie zum Trocknen z. B. in ein Stück Styropor stecken.

2 Befestige nun die Ringschrauben in der großen Kugel. Um Ringschrauben in die Holzkugel zu drehen, bohrst du kleine Löcher mit dem Vorstecher vor. Die Ringschrauben für die Arme/Flügel werden seitlich, die für die Beine unten angebracht. Beim Hund werden alle Schrauben unten (vorne und hinten) eingedreht. Befestige die Ringschraube mithilfe einer Zange. Das bereits gebohrte durchgängige Loch der Kugel zeigt von unten nach oben.

3 Ziehe durch jede Ringschrauben ein Stück Schnur oder Chenilledraht, knote es fest und fädle die kleineren Holzperlen für Arme und Beine auf. Verknote die Schnur zwischen den einzelnen Perlen bzw. lasse bei Chenilledraht etwas Abstand zwischen den einzelnen Perlen, das macht die Gliedmaßen beweglicher.

4 An den Enden bringst du Hände und Füße aus gelochten Moosgummistücken an oder klappst das Chenilledrahtende einfach um.

5 Verziere und bemale die Figur nach deinen Vorstellungen. Ohren wie bei Hase und Hund kannst du z. B. aus Moosgummi oder Leder ausschneiden und in das große Loch der Kugel kleben. Oder du klebst Haare aus Langhaarplüsch rund um die Kugel. Aus Draht kannst du Brillen biegen. Besonders leicht lässt sich Alu-Draht biegen, bei stärkerem Draht bitte einen Erwachsenen, dir zu helfen. Die Moosgummiflügel beim Raben werden auf die Kugelarme aufgeklebt.

6 Knüpfe dann die Marionettenfäden an. Die Schnur für den Körper verknotest du an einer kleinen Holzkugel und ziehst sie durch das Loch der großen Kugel oder klebst sie in das Loch. Mache dafür einen dicken Knoten in das Schnurende. Das andere Schnurende wird in der Mitte des Marionettenkreuzes befestigt.

MARIONETTEN

37

7 Zum Anbringen der Fuß- und Armfäden an den Moosgummiteilen verwende eine Nadel. Sie werden an dem quer stehenden Hölzchen des Marionettenkreuzes befestigt.

8 Fädle kleine Perlen oberhalb des Marionettenkreuzes auf jeden Faden, ziehe ihn noch einmal durch die Perle und verknote ihn dann so, dass eine Schlaufe entsteht. In diese kannst du beim Spielen deine Finger hineinstecken. Oder du knotest wie beim Raben einen Ring ein, so dass du die Flügel mit einem Finger bewegen kannst.

WERKEN

Fadenspannbilder

So ähnlich wie du bei Fadenspannbildern die Fäden von Nagel zu Nagel spannst, geht die Spinne beim Bau ihres Netzes vor: Sie zieht einen Spinnfaden hinter sich her und krabbelt zu einem „Anknüpfpunkt". Und dann zum nächsten, zum übernächsten ... und so weiter. Am Ende entsteht ein gleichmäßiges Netz, das einen hinterhältigen Zweck hat: Beute fangen.

Spinnen ernähren sich von lebenden Tieren, meist Insekten, die sie mit den kunstvoll gewebten Netzen fangen. Besonders schön sieht das gleichmäßig gewebte Radnetz der Gemeinen Baldachinspinne aus, das du bei einem Spaziergang an einem warmen Morgen zwischen langen Gräsern und Sträuchern im Wald entdecken kannst.

Den Spinnfaden spinnt die Spinne aus ihrer Spinndrüsen, die am Hinterleib sitzt. Der anfangs flüssige Strahl härtet an der Luft zu einem sehr stabilen Faden aus, der sogar fester als Stahl gleicher Dicke ist.

Beim Netzbau hat die Spinne eine clevere Taktik: Sie lässt sich vom Wind helfen. Wenn ein Windstoß kommt, weht der Faden durch die Luft und landet auf einem Zweig oder einem Blumenstängel, wo die Spinne hinkrabbelt und ihn befestigt. Von dort aus spinnt sie weiter, fertigt zuerst den Rahmen, dann die Speichen dazwischen, zuletzt die Spiralen aus klebrigen Fäden an. Die einzelnen Stränge der Spiralen sitzen alle im gleichen Abstand, denn die Spinne nutzt ihre Beinlänge als Maß. Deshalb kann sie nicht durchs eigene Netz fallen und deshalb sind auch die Netze kleiner Spinnen enger gewebt.

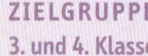

Selber kleben bleiben kann die Spinne nicht in ihrem Netz. Zum einen läuft sie vor allem auf den Fäden, die nicht kleben (Rahmen und Speichen), zum anderen hat sie Haken und Klauen an ihren Beinen, die ermöglichen, dass sie die Fangspirale nur mit einer kleinen Auflagefläche berührt.

| ZIELGRUPPE 3. und 4. Klasse | LERNZIELE | ◆ formatfüllende Figur entwerfen
◆ konzentriertes und ausdauerndes Arbeiten
◆ mit Nägeln „zeichnen"
◆ sicherer Umgang mit Hammer und Nägeln | ◆ Feinmotorik fördern beim Umspannen der Nägel
◆ Vereinfachung typischer Gesichtsmerkmale
◆ Anpassen der Nagelabstände an die Biegung der Linie |

Eine Spinnenart, die bei uns sehr häufig vorkommt, ist die Kreuzspinne. Die Zeichnung auf ihrem Rücken erinnert an ein Kreuz, daher hat sie den Namen.

Anders als Insekten haben Spinnen acht Beine und keine Facetten-, sondern Punktaugen – davon immerhin bis zu acht Stück! Trotzdem sehen die meisten Arten schlecht und orientieren sich über den sehr gut ausgeprägten Tastsinn.

Die meisten Spinnen sind giftig, allerdings unsere einheimischen nur für ihre Beutetiere, die sie mit ihrem Gift lähmen, bevor sie sie in einen Kokon einwickeln und aussaugen. Eine für den Menschen bedrohliche Spinne lebt in Amerika, es ist die Schwarze Witwe.

Die kleinsten Spinnen sind nur einige Millimeter groß. Die größte Spinnenart, die Vogelspinne, ist bis zu 10 cm groß. Zu den Spinnentieren gehören übrigens auch Skorpione und Weberknechte.

WERKEN

Das brauchst du

- dicke Sperrholzplatte, mindestens 40 cm x 40 cm
- Acrylfarbe, Bunt- und Filzstifte
- Wolle oder Garn
- ca. 150 Messingnägel
- Wackelaugen, Plüschpompons, Wattekugeln
- Karopapier
- Bleistift, Schere, Lineal
- Pinsel, Becher mit Wasser, Mallappen
- altes Hemd o. Ä., Zeitung als Unterlage
- Hammer, Zange
- Schleifpapier, Schleifklotz
- doppelseitiges Klebeband

So wird's gemacht

1 Schleife die Holzplatte ab, auch die Kanten, und entferne den Staub. Zeichne dann einen Rand und male die Fläche aus. Vergiss beim Bemalen die Kanten nicht! Wer möchte, kann auch noch ein Muster aufmalen.

2 Nun geht's ans Entwerfen deiner Skizze. Wen möchtest du porträtieren? Gucke die Person (oder ein Tier) genau an: Welche Kopfform und Frisur hat sie, trägt sie einen Hut, sind die Ohren besonders groß? Beim „Zeichnen" mit Nägeln sind nur die Umrisslinien wichtig, beschränke dich beim Entwerfen darauf. Zeichne den Kopf und den Oberkörper auf Karopapier. Deine Zeichnung sollte um so viel kleiner als das Holzbrett sein, wie dein aufgemalter Rand breit ist. Schreibe auch den Namen der Person auf oder überlege dir einen neuen. Der Name darf nicht zu lang sein, denn er wird auch mit Nagel und Faden „geschrieben".

3 Wenn dein Entwurf fertig ist, markiere die Einschlaglöcher für die Nägel. Je nach Biegung der Linie sitzen sie enger (bei Kurven) oder weiter (bei Geraden) auseinander. Als Hilfsmittel kannst du deinen Mittelfinger als Abstandsmaß nehmen.

4 Klebe das Papier dann mit etwas doppelseitigem Klebeband auf das Holz. Schlage nun an den Markierungen mit kleinen, leichten Schlägen die Nägel ganz gerade durch das Papier in die Holzplatte. Verwende evtl. eine Zange zum Festhalten der Nägel. Ziehe anschließend deine Motivvorlage heraus.

5 Nun geht's ans Verbinden der einzelnen Nägel: Lege die Fäden für die Umrisslinien bereit, sie werden zuerst gearbeitet. Schneide kein zu kurzes Stück Faden ab, sonst musst du immer wieder von neuem ansetzen und das Knoten ist ein wenig lästig und sieht nicht so schön aus. Am besten ist es, wenn du möglichst viele Nägel mit einem Faden verbinden kannst.

6 Knote den Faden doppelt an einem Nagel fest und schneide das Ende direkt hinter dem Knoten ab. Ziehe den Faden zum nächsten Nagel, wickle ihn einmal dort herum und so weiter. Spanne die Schnur immer ganz fest, passe aber gleichzeitig auf, dass du die Nägel nicht herausziehst.

7 Bei Pullover und Haaren kannst du den Faden auch genau entgegengesetzt zur ersten Umwicklung noch einmal spannen, das wirkt plastischer. Für Innenlinien, wie bei Lisis Augen, verwende einen feineren Faden.

8 Ganz zum Schluss können noch Details wie Augen, Perlenketten, Kopftücher, Ohrringe, Haarspangen usw. aus anderen Materialien aufgesetzt und Münder aufgemalt werden.

SARA

月月
我们
你
是
字
好
同
友
中
见
LISI

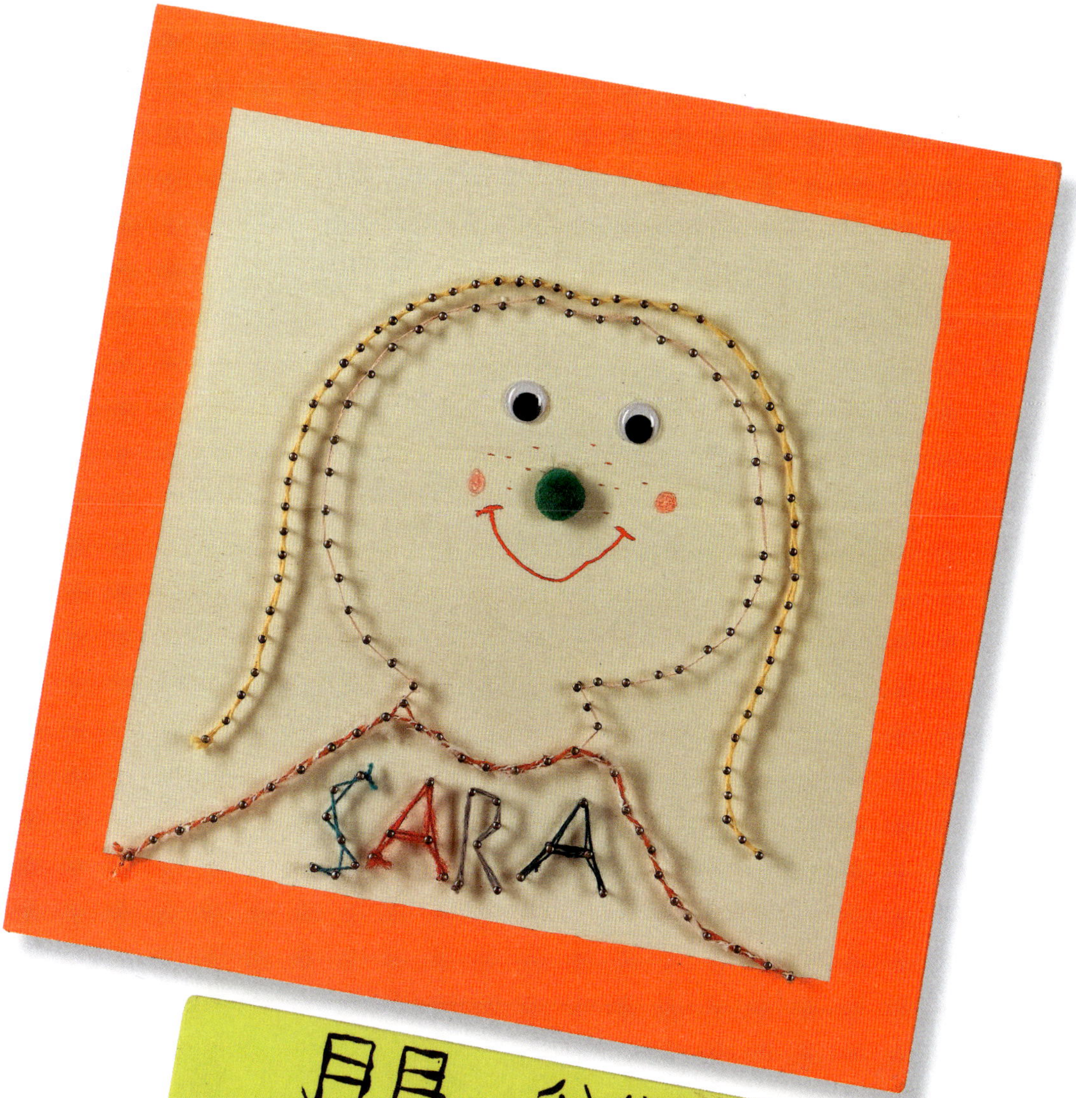

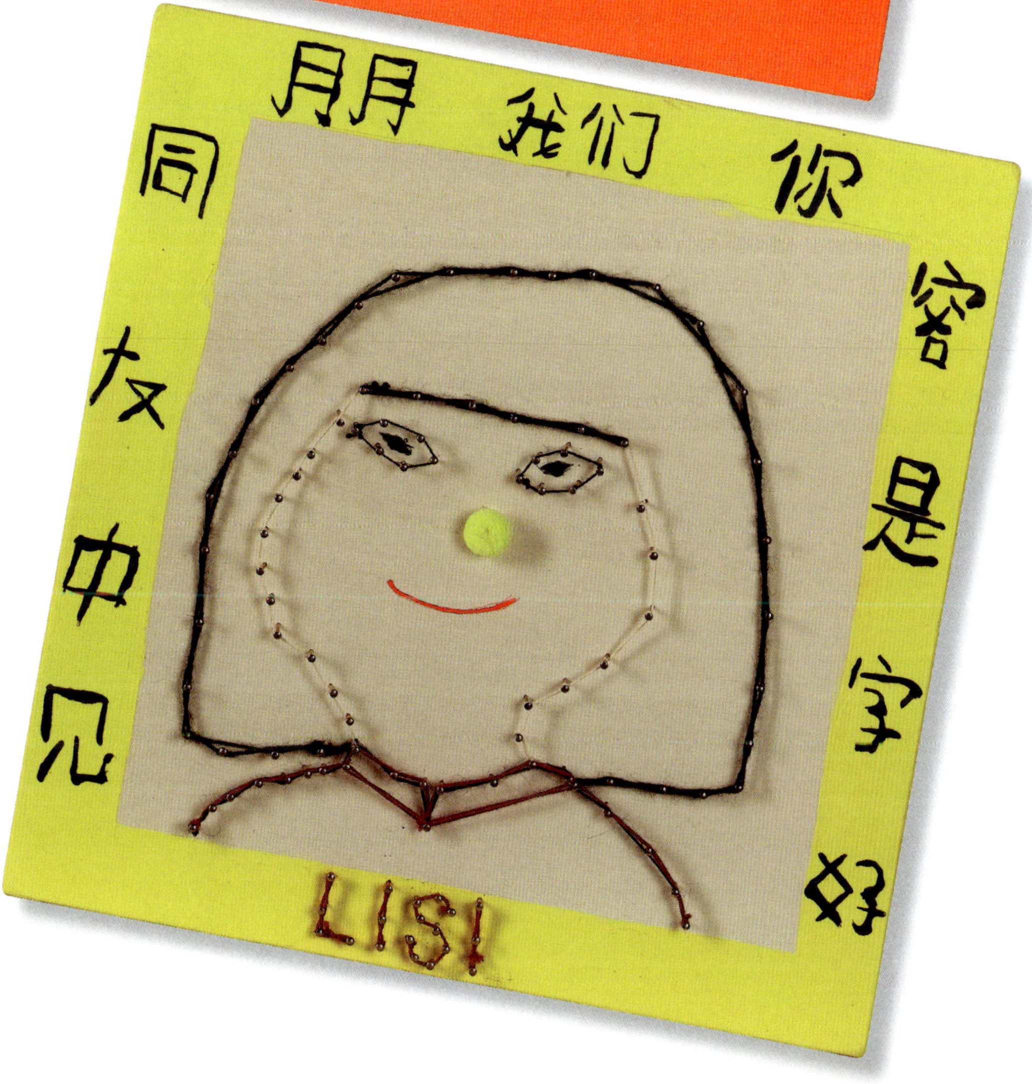

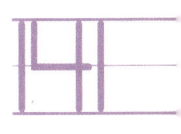

WERKEN

Pferdchen als Kerzenhalter

Heute scheint es uns ganz selbstverständlich, im Dezember Weihnachten zu feiern. Aber hast du dich schon einmal gefragt, woher der Brauch des Weihnachtsbaumes stammt?

Bereits unsere Vorfahren, die Germanen, pflegten im Winter Tannengrün in ihren Häusern aufzuhängen. Sie brachten Zweige über der Haustür, im Stall und in ihren Wohnräumen an. Die Pflanzen galten jedoch nicht nur als Schmuck, der hübsch anzusehen ist. Die spitzen Nadeln sollten vielmehr Unheil jeder Art und böse Geister fernhalten. Zugleich sollten die immergrünen Pflanzen während der dunklen Jahreszeit die Hoffnung auf das Wiedererwachen der Natur im Frühjahr erhalten.

Im 15. Jahrhundert kamen die ersten geschmückten Tannenbäume in Deutschland auf. In Zünften und Vereinen wurden zur Weihnachtszeit Bäume aufgestellt und mit allerlei Essbarem wie Äpfeln, Oblaten, Nüssen und Lebkuchen, aber auch rein Dekorativem wie Papierblumen und Flittergold geschmückt. Nach Neujahr, spätestens am Dreikönigstag, durften die Kinder dann den Baum plündern.
Nach dem Dreißigjährigen Krieg (1618-1648) gelangten die Weihnachtsbäume in die Schlösser und Paläste des Hochadels und mit dem bürgerlichen Zeitalter Mitte des 19. Jahrhunderts fanden sie Zugang in die Häuser einer breiteren Bevölkerungsschicht. Erst jetzt akzeptierte die Kirche dieses auf heidnische Wurzeln zurückgehende Brauchtum und die Bezeichnung „Christbaum" setzte sich durch.

Wie bei den Germanen die Zweige wurden in den Privathaushalten auch die Bäume anfangs an der Decke aufgehängt, dann stellte man sie auf ein Tischlein und erst im Laufe des 20. Jahrhunderts wurden die Bäume frei im Wohnraum aufgestellt.

Nicht nur hübsch anzuschauen, sondern auch lecker ist der mit Lebkuchen und Äpfeln geschmückte Christbaum.

ZIELGRUPPE
ab 2. Klasse

LERNZIELE
- sorgfältiges, materialgerechtes Arbeiten mit Holz
- Einsicht in die Funktionsweise von Steckverbindungen
- sinnvolle Abfolge der Arbeitsschritte
- räumliche Sattelgestaltung, perspektivisches Malen

Das brauchst du

- dünnes Sperrholz, mindestens 2 x A4
- Laubsäge mit feinem Sägeblatt
- Bleistift, dickes Papier für Schablonen
- Schleifpapier
- Acryl- oder Plakafarbe
- Pinsel, Becher mit Wasser, Mallappen
- altes Hemd o. Ä., Zeitung als Unterlage

So wird's gemacht

1 Die Kerzenleuchterform vom Pferdchen besteht aus zwei Sperrholz-Reststücken. Solche Reststücke bekommst du beim Holzhändler oder im Baumarkt fast umsonst, wenn du sie dir aus der Restekiste heraussuchst.

2 Zeichne die Pferdchenform auf dickeres Papier und schneide sie sorgfältig aus. Oder du verwendest die Schablonen von Seite 155/157. Lege die Schablone auf das Sperrholz und zeichne die Umrisse nach. Säge die zwei Formen aus.

3 Spanne dafür das Sägeblatt so ein, dass die Zähne nach unten zeigen. Es muss ganz straff sitzen, lasse dir daher am besten von einem Erwachsenen helfen. Als Unterlage verwende ein Laubsägetischchen, das mit einer Schraubzwinge am Tisch befestigt wird.

4 Mache zu Beginn einen Aufwärtsstrich und säge dann ganz locker hoch und runter. Du darfst dabei nicht krampfhaft nach vorne drücken, denn sonst klemmt das Sägeblatt leicht fest. Um Ecken musst du sägen, du darfst die Säge nicht einfach drehen, denn sonst kann das Sägeblatt brechen. Man sägt einfach auf der Stelle und dreht dabei ganz langsam das Holz oder die Säge, bis die Richtung stimmt.

5 Halte den Sägebogen möglichst senkrecht, verkante ihn nicht. Das geht am besten, wenn du vor dem Tisch kniest. Nach dem Sägen werden die Kanten des Holzes abgeschmirgelt.

6 Prüfe dann, ob du die Teile zusammenstecken kannst und der Leuchter nicht wackelt.

7 Jetzt geht's ans Bemalen: Grundiere zuerst alles mit einem Borstenpinsel und zeichne nach dem Trocknen das Muster mit einem feinen Haarpinsel auf. Beim Gestalten der Satteldecke musst du beachten, dass durch das Zusammenstecken der Holzteile das Muster in der Mitte getrennt wird. Du kannst es dir wie ein halb geöffnetes Buch vorstellen. Stimme daher die Bemalung darauf ab.

TIPP Als Sägevorübung (bevor du dich an den Leuchter wagst) eignet sich ganz hervorragend die Herstellung eines Puzzles. Ein Sperrholzbrett wird mit einem weihnachtlichen Bild bemalt und zu puzzleähnlichen Teilen auseinandergesägt. Da du ohne Vorzeichnung dabei sägen kannst, ist es auch nicht schlimm, wenn der Sägebogen einmal in eine ganz andere Richtung wandert, als du eigentlich wolltest!

WERKEN

Uhren basteln

Herr Zeisig hat ein seltsames Hobby. Er sammelt Zeit. Er sammelt Sekunden, Minuten, Stunden. Er sammelt Tage und Wochen, Monate und sogar Jahre. Und weißt du, woher?

Aus der Zeitung, aus Zeitschriften, aus Gebrauchsanweisungen, aus Beipackzetteln von Medikamenten oder aus Backrezepten auf der Rückseite von Vanillinzucker- und Backpulverpäckchen. Immer wenn ein Wörtchen mit Zeit vorkommt, holt Herr Zeisig seine kleine Papierschere. Wenn in der Zeitung steht: „Vermisste Katze wurde nach zwei Tagen wiedergefunden.", so schneidet Herr Zeisig die Worte „zwei Tage" aus der Zeitung aus.

Mechanische Uhren gibt es seit dem Mittelalter. Vorher maß man die Zeit mittels Sonnen-, Wasser- oder Kerzenuhren.

Wenn es auf einem Vanillinzuckerpäckchen heißt: „Lassen Sie den Teig einige Minuten aufgehen", schnippelt Herr Zeisig die Worte „einige Minuten" aus dem bunten Papier.

Die Zeitschnipsel steckt er in eine große, hölzerne Schatztruhe. Auf diese Weise hat Herr Zeisig über die Jahre eine ganze Menge Zeit gesammelt.

Immer wenn Herr Zeisig von seiner Arbeit heimkommt, geht er zuerst zu seiner Truhe. Dann schließt er seine Augen und greift hinein. Wenn er dann den Zettel mit der Aufschrift „einige Minuten" erwischt, freut er sich. Er wird für einige Minuten etwas Schönes tun: ein Gedicht lesen, einen Spaziergang machen oder sich einfach ausruhen. Zieht er den Zettel „zwei Tage", so achtet er darauf, dass er an beiden Tagen viel Angenehmes unternimmt oder er beantragt zwei Tage Urlaub. Herr Zeisig versteht nicht, dass viele Menschen keine Zeit haben. „Man muss sich die Zeit einfach nehmen,", sagt er, „sonst verschluckt uns die Zeit, und wir haben gar nichts mehr von ihr."

ZIELGRUPPE
ab 4. Klasse

LERNZIELE
- sorgfältiges Arbeiten, Schulung der Feinmotorik
- Umgang mit der Laubsäge üben
- Anordnung der Zahlen
- Einblick in die Farbenlehre, Farben mischen, Farbübergänge herstellen
- zentrierte farbliche Gestaltung
- Einbeziehen des Randes in die farbliche Gestaltung
- Auswahl geeigneter Tiere oder Gegenstände

Kann man Zeit sammeln?

„Man muss sich die Zeit einfach nehmen", sagt Herr Zeisig. Aber ist denn die Zeit etwas, dass man sich wie Schnipsel aus der Zeitung zur Seite legen kann? Was meinst du?

Mit unseren Uhren können wir die Zeit messen und feststellen, wie lange etwas dauert. Manche Menschen haben ein gutes Zeitgefühl und wissen oft auch ohne Blick auf die Uhr, welche Stunde geschlagen hat. Andere erschrecken darüber, wie viel Zeit schon vergangen ist: „So spät schon, das hätte ich nicht gedacht!", rufen sie.

Uhren sind nützliche Instrumente. Ohne sie hätten wir es viel schwerer, einen Tag zu planen oder uns zu verabreden. Aber selbst mit einer Uhr ist es unerklärlich, warum einem die Zeit in der Warteschlange beim Eismann so unendlich lange vorkommt und die Ferien fast immer zu kurz. Wenn wir etwas sehr gerne tun, vergehen die Stunden wie im Fluge. Ist uns aber langweilig, ist die Zeit wie ein zäher Brei, der sich nicht abstreifen lässt.

„Es gibt ein großes und doch ganz alltägliches Geheimnis. Dieses Geheimnis ist die Zeit." heißt es in Michael Endes Märchen-Roman „Momo". In seiner Erzählung versuchen die Menschen, Zeit zu gewinnen, indem sie Zeit einsparen. Aber so haben sie immer weniger Zeit für das wirklich Wichtige im Leben: Zeit für ihre Träume, für sich selbst und für die Menschen um sie herum.

WERKEN

Farben mischen

Neben Weiß und Schwarz gibt es nur drei Farben, die man nicht mischen kann: Blau (Cyan), Rot (Magenta) und Gelb. Alle anderen Farben kannst du selber mischen. Für die Töne zwischen den Grundfarben wurden die Farben z. B. immer im gleichen Verhältnis gemischt.

1 Löffel Gelb : ½ Löffel Rot = helles Orange

1 Löffel Gelb : 1 Löffel Rot = kräftiges Orange

½ Löffel Gelb : 1 Löffel Rot = Rot-Orange. Genauso funktioniert es mit den Blau und Grüntönen.

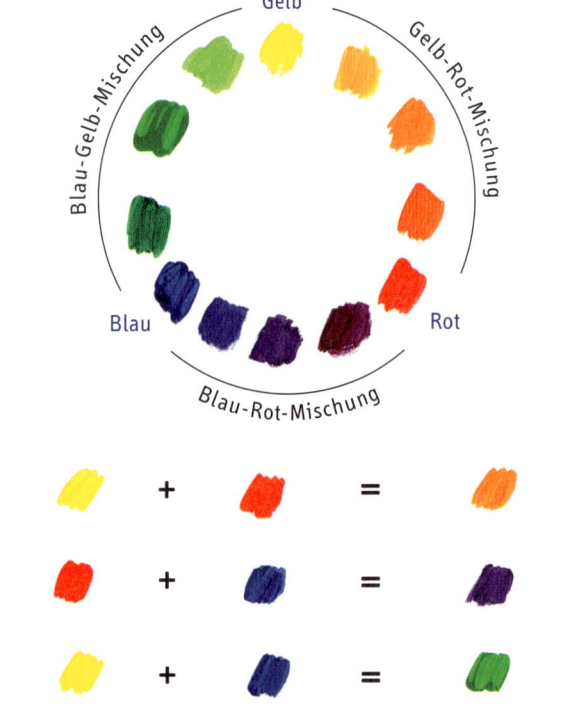

So wird's gemacht

1 Klebe zwei Blätter Karopapier zusammen und zeichne in der Mitte mit dem Zirkel einen Kreis darauf. Er sollte nicht zu klein sein (auf jeden Fall größer als Minuten- und Sekundenzeiger des Uhrwerkes!). Setze den Zirkel genau auf die Kreuzungspunkte von vier Quadraten und wähle einen Durchmesser, der wieder genau auf einen Kreuzungspunkt trifft. Es ist so leichter, die Einteilung fürs Ziffernblatt zu zeichnen!

2 Für das Ziffernblatt unterteile die Kreisform in zwölf „Stückchen". Dazu benötigst du Lineal oder Dreieck und Winkelmesser. Jedes Stück hat einen Winkel von 30° (360° für einen ganzen Kreis geteilt durch 12). Zeichne zuerst die kreuzförmigen 90-270°- und 180-360°-Linien ein. Dann misst du immer zwischen zwei dieser Linien zweimal 30° ab. Verbinde alle Linien, so hast du zwölf „Stückchen". Wenn es schnell gehen soll, kannst du dir auch die Kreisvorlage auf der rechten Seite auf die benötigte Größe kopieren.

3 Die Kreisform kannst du nach Belieben zu Tieren oder Blumen ausarbeiten, indem du dein Motiv darum herummalst.

4 Übertrage anschließend die Form mit Kopierpapier auf Holz und säge sie mit der Laubsäge aus. Je nachdem wie dick dein Holz ist, benötigst du ein feines oder grobes Sägeblatt. Die Zähne des Sägeblattes müssen in Richtung Handgriff zeigen. Glätte anschließend alle Kanten mit Schleifpapier.

5 Nun geht's ans Bemalen. Für die Blüte mischst du die Farben entsprechend des Farbkreises und malst jedes Blütenblatt und den Holzrand in einem Farbton aus. Das Ausmalen an sich geht zügig, für das Anmischen der Farbe brauchst du etwas Zeit!

Das brauchst du

- dünnes Sperrholz
- Laubsäge mit feinem Sägeblatt
- Schleifpapier, 120er-Körnung
- Acrylfarbe
- Pinsel, Becher mit Wasser, Mallappen, Mischpalette
- altes Hemd o. Ä., Zeitung als Unterlage
- Uhrwerk und Zeiger (Fachhandel)
- Zirkel, Lineal, Dreieck, Winkelmesser
- Klarlack
- Prickelnadel

6 Für das Bemalen der Schnecke suche dir einen Mischungsbereich des Farbkreises aus, z. B. von Gelb zu Rot. Male mit der hellsten Farbe beginnend vom Zentrum des Kreises aus die Farben mit fließenden Übergängen. Das braucht viel Übung, sei nicht enttäuscht, wenn es anfangs noch nicht perfekt gelingt! Der Trick ist, dass du einen Teil der Fläche in einem hellen Ton ausmalst und nach und nach ganz wenig der dunkleren Farbe dazu gibst. Damit malst du wieder einen Teil der Fläche und gibst dann wieder etwas dunklere Farbe dazu. Gehe mit einem fast trockenen Pinsel danach nochmals über die Übergänge und ziehe sie – immer von hell nach dunkel malend – weiter ineinander. Der Schneckenkörper wird im kräftigsten Farbton ausgemalt. Nach dem Trocken werden die Augen mit Korken, die Pupillen mit einem Holzstäbchen aufgedruckt. Der Mund male mit einem dünnen Pinsel, die Fühler mit einem breiteren auf.

7 Nach dem Trocknen zeichne das Ziffernblatt auf. Das geht gut, wenn du deinen Entwurf (evtl. nur die Kreisform mit der Grad-Einteilung) auflegst und die Endpunkte mit einer Prickelnadel durchdrückst. Male diese auf der Uhr mit Farbe nach. Zahlen können aufgeschrieben oder aufgeklebt werden (mit Zahlenstickern aus dem Bastelfachhandel). Lackiere die Uhr mit Klarlack.

8 Für das Uhrwerk lasse einen Erwachsen mit einer Akkubohrmaschine ein Loch in die Mitte der Uhr bohren. Schiebe den Stift des Uhrwerkes durch und setze die Zeiger auf. Fertig!

Was du beim Laubsägen alles beachten musst, erfährst du auf Seite 143.

WERKEN

Kletterbilder aus Holz

Jean Luc rennt zur Schule. In der einen Hand schwenkt er die Schultasche, in der anderen ein Baguette, ein Stangenweißbrot. Der Franzose hat seine Baskenmütze schief ins Gesicht gezogen. Er ist spät dran. Wie immer winkt er dem Eifelturm zu, als er seine Spitze am Himmel erblickt.
Einige Stunden später löffelt die kleine Mariko aus Japan ihre Sojasprossensuppe mit einem Porzellanlöffel: „Hmm, wie die schmeckt!" Dann hüpft sie in die Küche, holt Holzstäbchen für Reis und Fleisch. Mariko ist glücklich. Ihre Mutter hat ihr einen herrlichen Kimono aus Seide geschenkt, das ist ein zartes Wickelkleid. Nach dem Essen will sie damit ausgehen.
Der achtjährige Noku aus Afrika dagegen ist traurig. Er darf nicht mehr zur Schule gehen. Papa hat gesagt, dass das Geld nicht reicht und dass er lieber auf dem Feld mitarbeiten soll. Er tritt vor die Tür der kleinen Lehmhütte, in der er zusammen mit seinen Eltern und seinen vier Geschwistern wohnt. Sein Gesicht hellt sich auf, als er in der Ferne eine riesige Herde Zebras erblickt. Noch heute Abend will er sein Gesicht und seine Arme mit weißen und schwarzen Streifen bemalen.
Auf Kreta, einer Insel in Griechenland, spielt Antigone auf einer Bouzouki. Das ist eine Laute mit Metallseiten. Antigone sitzt auf den Stufen eines antiken Tempels und blickt aufs Meer. Sie bemerkt nicht die zutrauliche Landschildkröte, die sich ihr neugierig genähert hat.
Während die Klänge der Bouzouki in weiter Ferne verhallen, spielt Nadeschda aus Petersburg mit ihrer dreijährigen Schwester. Die Kleine jauchzt vor Vergnügen, als Nadeschda eine winzige Holzpuppe aus dem Bauch einer Matroschka, einer bemalten Holzpuppe, hervorzaubert. „Essen ist fertig", ruft Mama aus der Küche. Es duftet nach Blinis. Das sind mit Fleisch gefüllte Pfannkuchen aus Buchweizen.

In allen Ländern dieser Welt leben Kinder wie Jean Luc, Noku oder Nadeschda. Sie fühlen wie du, aber sie essen, spielen und wohnen ein bisschen anders. Denn in jedem Land gibt es unterschiedliche Voraussetzungen und Lebensweisen. Die meisten Kinder in europäischen Ländern haben ein Dach über den Kopf. Einige Kinder aus Afrika, Indien oder Südamerika dagegen nicht. Manche dürfen nicht in eine Schule gehen, weil sie in einem Steinbruch oder auf dem Feld arbeiten müssen. Könntest du dir vorstellen, woanders als in Deutschland zu leben? Welche Länder würdest du gern einmal besuchen?

| ZIELGRUPPE 3. und 4. Klasse | LERNZIELE | ◆ Einblick in die Konstruktion einer Kletterfigur ◆ sorgfältiges und ausdauerndes Arbeiten | ◆ Entwerfen eines geeigneten Motivs ◆ kreative Ausgestaltung ◆ Umgang mit der Laubsäge üben | ◆ Beschäftigung mit dem Leben von Kindern weltweit |

Das brauchst du

- dünnes Sperrholz, mindestens A4
- Holzleisten, ca. 1,5 cm x 1,2 cm, 1 x etwas kürzer als Motivbreite und 1 x ca. doppelt so lang
- Acrylfarbe
- 6 kleine Ringschrauben
- 2 Schnüre, ø 3 mm, ca. 2 m lang
- 2 Holzperlen mit großen Löchern
- Pinsel, Becher mit Wasser, Mallappen, Zeitung als Unterlage
- Bleistift, Papier, Kopierpapier
- Laubsäge mit Sägeblatt
- Akkubohrmaschine, Zange, Vorstecher, Holzleim, Schraubzwingen, Schleifpapier

So wird's gemacht

1 Übertrage deine Zeichnung, z. B. eine Sonne oder einen Ballon mit Kindern der Welt, mit Kopierpapier auf das Holz und säge sie aus (eine Sägeanleitung findest du auf Seite 143). Schmirgle die Holzkanten mit Schleifpapier glatt.

2 Drehe vier Ringhaken in die kürzere und zwei in die Kante der längeren Leiste. Bohre in der Mitte der längeren Leiste (die Löcher vorstechen) ein Loch für die Aufhängung.

3 Bemale dein ausgesägtes Motiv, auch die Kanten, die Holzleiste und die Perlen (zum Bemalen auf Zahnstocher stecken). Leime dann die kurze Holzleiste waagrecht auf die Rückseite deines Motivs und halte das Ganze zum Trocknen mit Schraubzwingen zusammen. Damit die Vorderseite nicht beschädigt wird, lege eine Holzplatte zwischen Zwinge und Motiv.

4 Knote an jede Schraube der langen Leiste eine Schnur und ziehe sie durch die entsprechenden Haken der kurzen Leiste. Fädle die Perlen auf die Schnurenden und verknote die Schnur darunter. Du musst nur noch eine kurze Schnur als Aufhängung anknüpfen, dann kannst die Figur steigen lassen. Setze die Figur unten auf die Perlen und ziehe abwechselnd an den Schnüren. Jetzt steigt die Figur nach oben. Spannst du die Schnüre, bleibt sie stehen, lässt du locker, saust sie herab.

WERKEN

Ritterburg aus Korken

Das Rittertum war eine der aufregendsten Epochen der Geschichte. Alte Überlieferungen berichten von Helden des Ritterstandes wie Parzival, Lancelot, Erec, Gawan und ihren ruhmreichen Taten. Das Wort „Ritter" gibt es seit dem 11. Jahrhundert, es bezeichnet Krieger, die in einem Dienstverhältnis kämpften, beispielsweise für einen König oder als Kreuzritter. Erst im 14. Jahrhundert wurde „Ritter" eine Standesbezeichnung. In den ritterlichen Tugenden wie Tapferkeit, Treue und Aufrichtigkeit sowie den kämpferischen Techniken übten sich schon kleine Jungen, „Knappen" genannt.

Besonders prächtig und glanzvoll waren die großen Turniere. Sie wurden veranstaltet, damit die Ritter auch in Friedenszeiten nichts an Kampfbereitschaft und -fähigkeiten verloren und waren für die Ritter Anlass, Geschicklichkeit und Tapferkeit zu beweisen und Ruhm zu erwerben. Diese Turniere waren immer ein bedeutsames gesellschaftliches Ereignis, zu dem vom Burgherren Edelleute, Bischöfe und der König eingeladen wurden. Auch kamen viele Zuschauer, Gaukler und Spielleute zu dem bunten Treiben, das mehrere Tage dauerte.

Zumeist begannen die Spiele mit dem Kampf Mann gegen Mann, der „Tjost". Zwei prächtig ausstaffierte Ritter galoppierten mit angelegten Lanzen entlang einer niedrigen Barriere aufeinander zu, bis einer aus dem Sattel geworfen wurde. Danach begann das eigentliche Turnier mit den Gruppenkämpfen. So ein „Buhurt" zog sich oft lange hin und endete, wenn eine Gruppe entwaffnet und gefangen genommen war oder der Burgherr das Signal zum Ende des Kampfes geben ließ. Nach diesen Schaukämpfen wurde ausgiebig gefeiert und getanzt – und natürlich gegessen und getrunken!

ZIELGRUPPE	LERNZIELE
ab 1.Klasse	◆ Bauen und Spielen mit Korken
	◆ Entwickeln einfacher Figuren
	◆ Förderung der Phantasie
	◆ Schulung der feinmotorischen Fähigkeiten
	◆ abwechslungsreiches Arbeiten in unterschiedlichen Techniken (Schneiden, Kleben, Falten, Stecken, Zeichnen)

Das brauchst du

- Fotokarton, Schreibmaschinenpapier, Tonpapier und Wellpappe
- Korken und Sektkorken
- Schere, Küchenmesser, Brettchen zum Schneiden
- Zahnstocher
- Alufolie, Paketschnur
- Klebstoff
- Filz- und Buntstifte

KORKEN

So wird's gemacht

1 Schneide den grünen Karton für die Rasenfläche zu und klebe ihn auf das blaue Tonpapier, das du mit einem breiten Rand ausschneidest und auf ein größeres, grünes Papier setzt.

2 Klebe rundum an den Rand des Burggrundes die Korken (mit der glatten Seite nach unten). Baue innen auch einige Häuser. Für das Burgtor lasse eine Öffnung. Klebe auf einige Korken einen zweiten Korken für die Türme. Die Tortürme verstärke mit einer zweiten Korkenreihe (mit etwas Abstand aufsetzen, damit du später das Burgtor einschieben kannst).

3 Schneide das Burgtor aus Wellpappe entsprechend der Öffnungsgröße zu. Bestreiche ein etwas länger zugeschnittenes Holzstäbchen mit Klebstoff und wickle ein Ende der Wellpappe darum herum.

4 Die Turmdächer klebst du aus Halbkreisen zusammen. Die Fahnen werden zugeschnitten, wie das Tor an Zahnstocher geklebt und bemalt. Dann steckst du das spitze Ende des Zahnstochers bis in den Korken durch. Für die Hausdächer knicke Rechtecke oder Quadrate in der Mitte und setze sie auf die Korken.

5 Für die Ritter umwickle den unteren Teil des Sektkorkens mit Alufolie. Schneide für den Helm einen Korken mit dem Messer durch – lasse dir dabei von einem Erwachsenen helfen – und hülle ihn wieder in Alufolie. Zum Anbringen des Helmes steche mit einem Zahnstocher ein Loch vor und stecke den Zahnstocher mit der spitzen Seite in den Helm. Brich ihn dann ab, so dass noch ca. 1,5 cm stehen bleiben, und stecke ihn in den Kopf.

6 Für die Arme stecke Zahnstocher ein und breche oder schneide sie ab. Male mit Filzstift ein Gesicht auf den Sektkorken und klebe ein Schild aus bemaltem Papier an einen Arm.

7 Für die Pferdebeine stecke Zahnstocher ein und schneide die Enden ab, so dass das Pferd gut stehen kann. Der Kopf ist ca. ein Drittel eines Korkens und wird wie der Helm beim Ritter angebracht. Die Papierohren werden in eingeschnittene Schlitze gesteckt. Den Schwanz aus Paketschnur klebst du in ein eingebohrtes Loch und drehst das Ende etwas auf.

WERKEN

Brandmalerei-Bilder

Hast du dich schon einmal gefragt, wie alt der Baum vor deiner Haustüre ist? Anders als Menschen haben Bäume keine Geburtsurkunden, die Frage lässt sich aber dennoch einfach beantworten. Allerdings hat die Lösung einen großen Nachteil: Man muss den Baum fällen!

Wenn du dir dann den Querschnitt des Baumes anschaust, erkennst du die so genannten Jahresringe. Diese entstehen, weil Bäume nicht nur in die Höhe, sondern auch in die Breite wachsen. Jedes Jahr kommt eine neue Schicht direkt unter der inneren Rinde hinzu. Anhand des abgesägten Baumes kannst du das Alter leicht ermitteln, jeder Ring zählt für ein Jahr.

Aus der Breite der Ringe kannst du sogar ablesen, wie das Wetter in den verschiedenen Jahren war: War es ein warmer und regenreicher Sommer, so ist der Baum stark gewachsen und der Jahresring entsprechend breit.

Rinde – man unterscheidet die innere (Bast) und die äußere Rinde (Borke). Die Borke ist die äußere Schicht des Baumes und schützt ihn vor dem Austrocknen, vor Insekten und Pilzerkrankungen.

Kambium – Das ist die Wachstumsschicht zwischen Splintholz und Rinde. Hier entstehen die neuen Jahresringe.

Hartholz (Kernholz) – das älteste Holz des Baumes.

Splintholz – hier werden Wasser und Nährstoffe von den Wurzeln bis zu den Blättern geleitet. Das Splintholz unterscheidet sich vom Hartholz durch eine deutlich hellere Farbe und ist noch nicht so fest.

Jahresring – besteht aus zwei Schichten: Im Frühjahr wächst das Holz schneller und bildet eine helle Schicht, im Sommer und Herbst wächst es langsam und bildet eine dunklere Schicht. Beide zusammengenommen ergeben einen Jahresring.

ZIELGRUPPE ab 3. Klasse

LERNZIELE
- Kennenlernen einer traditionellen Technik
- mit dem Brennkolben „zeichnen"
- Einbinden von Fundstücken
- Kombination verschiedener Materialien
- Farbe lasierend auftragen

Das brauchst du

- Fichtenholzplatte
- Brennkolben mit stricknadel- bzw. bleistift-förmigem Aufsatz
- Schleifenband, Muscheln oder andere Fundstücke
- Acrylfarbe
- Pinsel, Becher mit Wasser, Mallappen, Mischpalette
- altes Hemd o. Ä., Zeitung als Unterlage
- harter Bleistift, Klebefilm, Kopierpapier
- Alleskleber
- Bilderhaken

So wird's gemacht

1 Entwerfe ein Motiv auf Papier. Stimme die Größe auf das Holzstück ab. Übertrage deine Vorzeichnung mit Kopierpapier und hartem Bleistift auf das Holz. Ziehe dann die Linien mit dem Brennkolben nach. Für starke, tiefe Linien bewegst du den Brennkolben langsam über das Holz. Um Schattierungen zu erhalten, ziehst du den Brennkolben schneller hin und her. Brenne auch deine Initiale (Anfangsbuchstaben) an den unteren Bildrand.

2 Zum Bemalen der Flächen verdünne die Acrylfarbe sehr stark mit Wasser und male die Flächen mit einem flachen Pinsel aus. Bei dieser Art der Bemalung kann die Holstruktur noch gut durch das Holz durchscheinen.

3 Verziere das Bild mit dem Schleifenband, Muscheln oder andere Fundstücke und bringe auf der Rückseite einen Bilderhaken zum Aufhängen an.

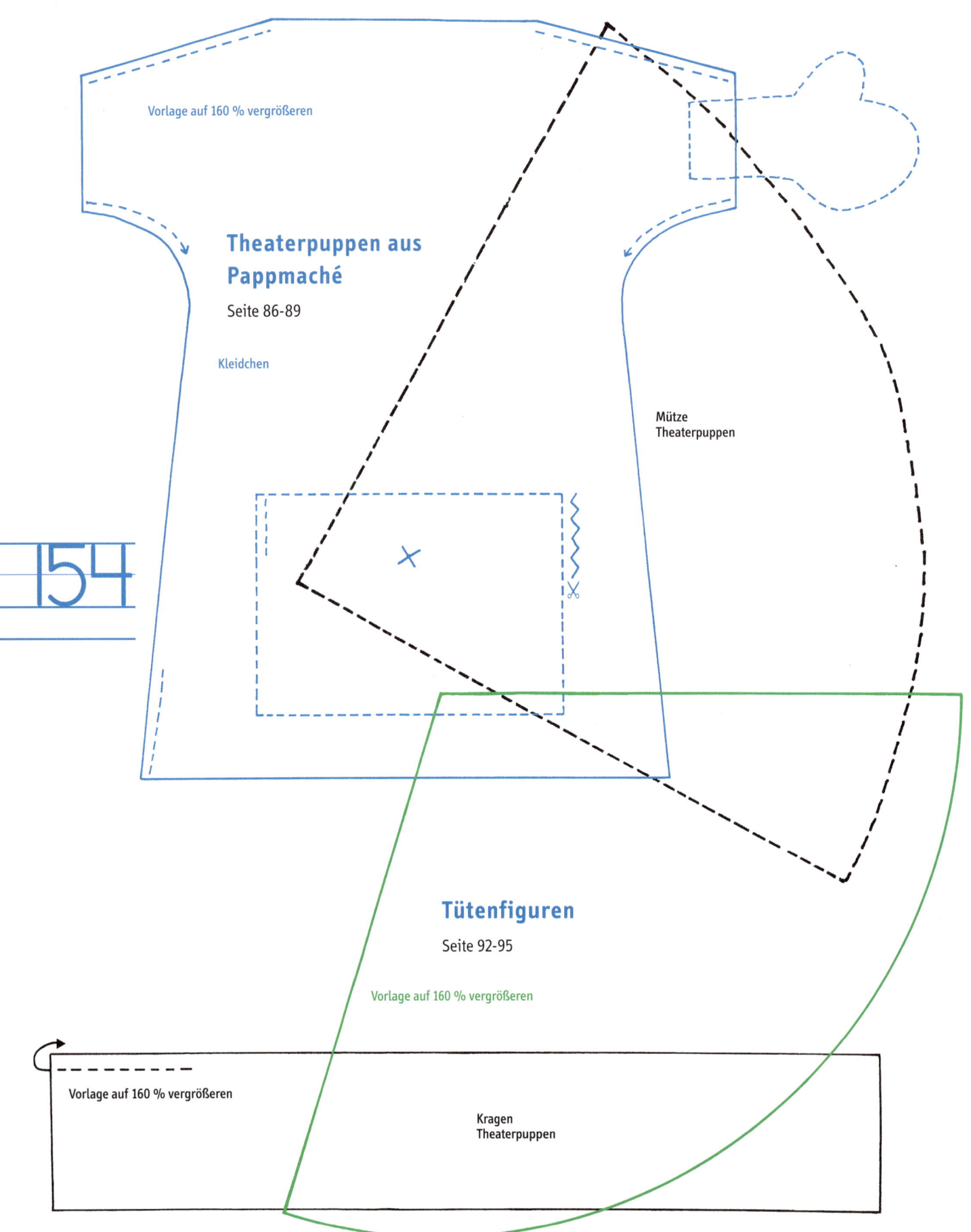

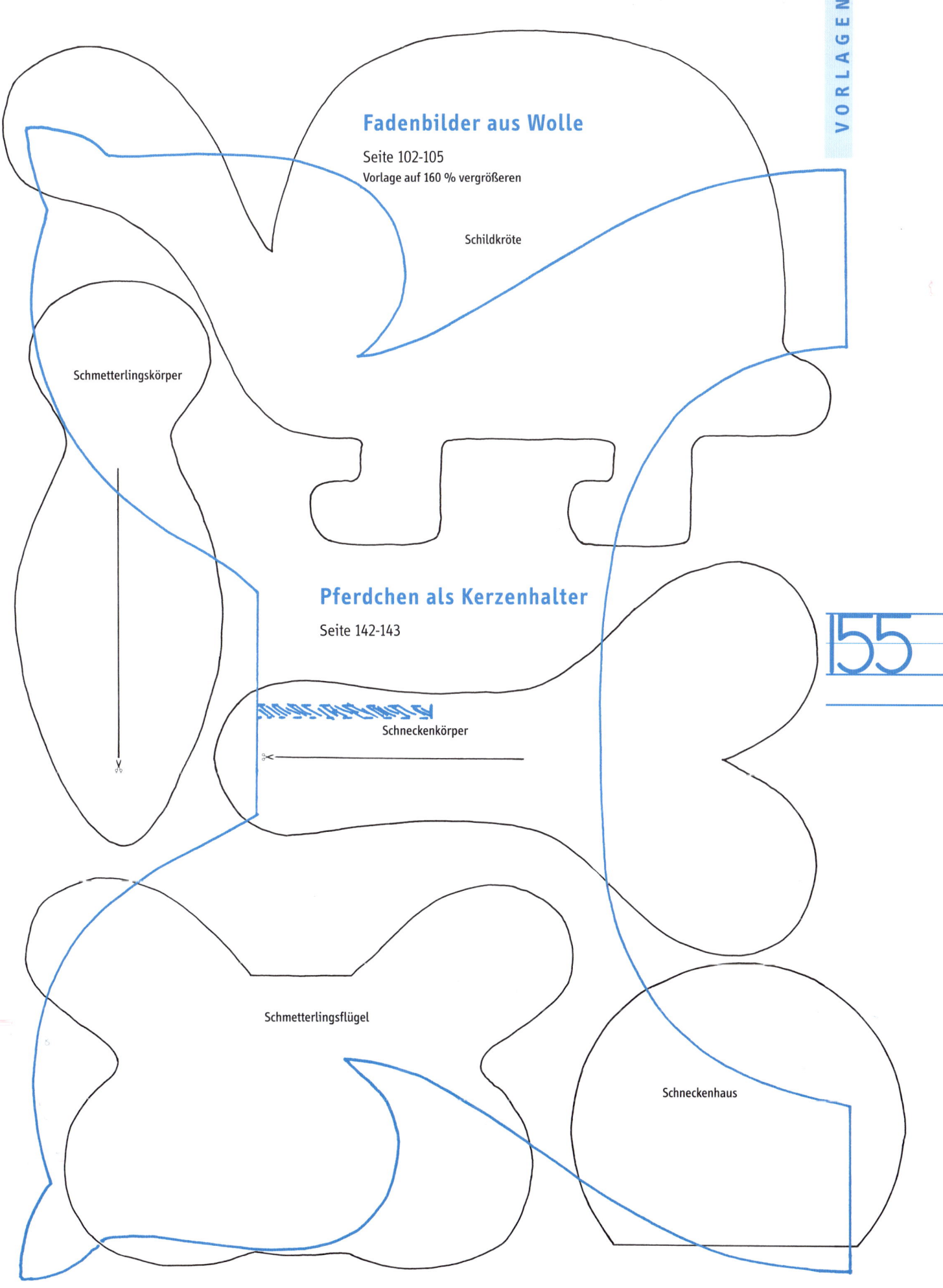

VORLAGEN

Strumpfkrokodile
Seite 118-119

156

Rundweben mit Luftmaschenketten
Seite 120-121
Vorlagen auf 160 % vergrößern

Rundwebrahmen

Schildkröte

Marienkäfer

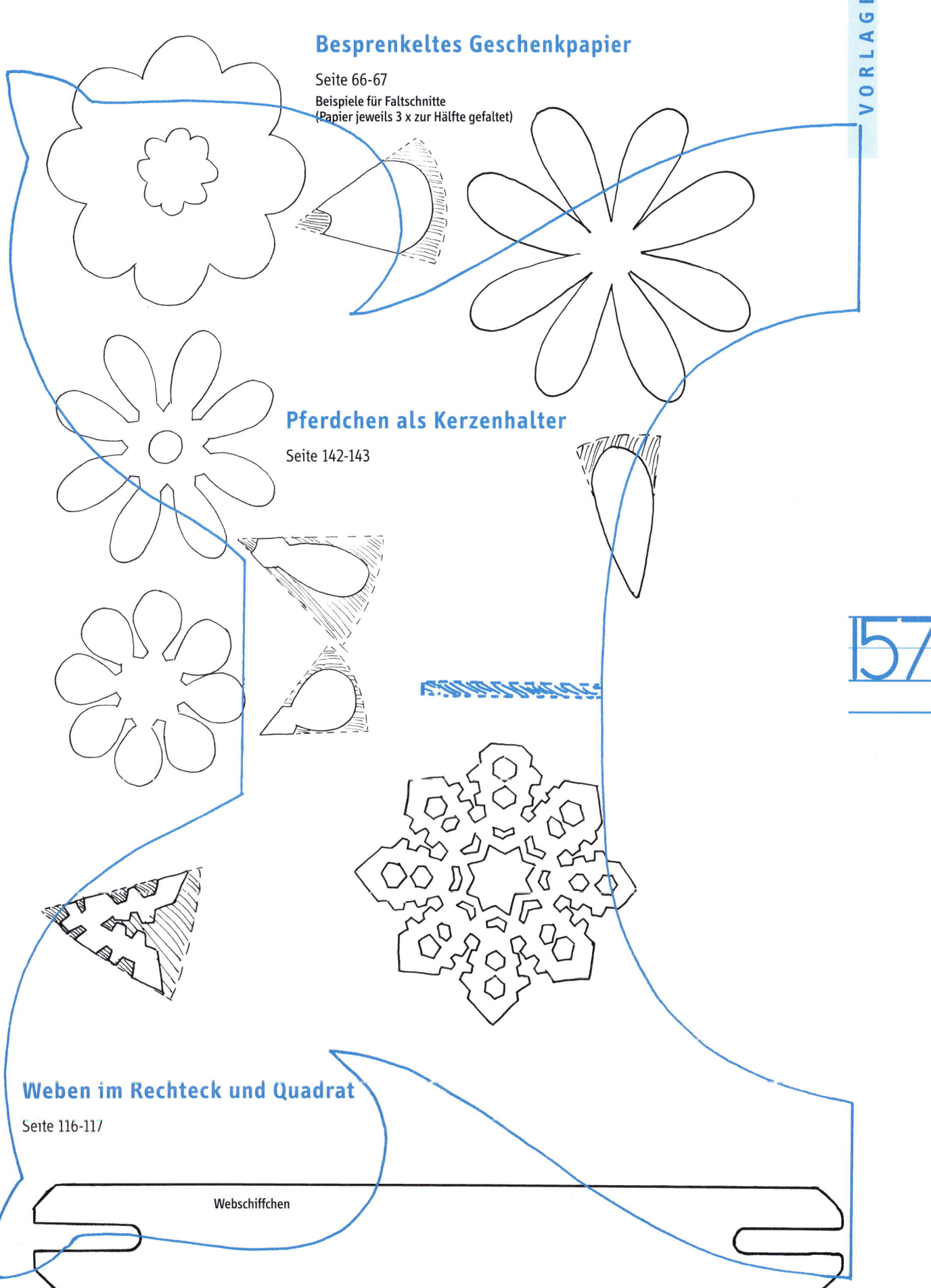

Schulen für Guatemala

Das Kinderhilfswerk Plan International – ein kurzer Überblick

Plan International ist als eines der ältesten Kinderhilfswerke in 49 Ländern in Asien, Afrika und Lateinamerika tätig, unabhängig von Religion und Politik. Im Rahmen der Entwicklungszusammenarbeit finanziert Plan nachhaltige und kindorientierte Selbsthilfeprojekte hauptsächlich über Patenschaften, zusätzlich auch über Einzelspenden. Von den weltweit mehr als 1,1 Millionen Kinderpatenschaften betreut das deutsche Plan-Büro mehr als 240.000. Damit erreicht Plan Deutschland in den Projektgebieten mehr als zwei Millionen Menschen. Bundespräsident Horst Köhler übernahm von seinem Amtsvorgänger die Patenschaft für das millionste Plan-Patenkind. Dem Kuratorium gehören prominente Förderer wie Marie-Luise Marjan und Ulrich Wickert an. Der Patenschaftsbeitrag beträgt 25 Euro im Monat. Das Deutsche Zentralinstitut für soziale Fragen hat Plan International Deutschland e. V. das DZI Spenden-Siegel zuerkannt. Es steht für geprüfte Transparenz und Wirtschaftlichkeit im Spendenwesen. Weitere Informationen erhalten Sie unter **www.plan-deutschland.de** oder unter **Telefon 040 – 611 400**.

Kinder in Guatemala

Guatemala hat die niedrigste Alphabetisierungsrate Lateinamerikas. Weniger als die Hälfte der Jungen und Mädchen in Guatemala schließen die Grundschule ab. Die Hauptgründe liegen in einer schlechten Lernumgebung, wie zum Beispiel fehlenden Lernmaterialien, baufälligen Gebäuden und schlecht ausgebildeten Lehrerinnen und Lehrern.

In den ländlichen Gebieten können nur 22 Prozent der Erwachsenen lesen und schreiben. Von zehn Kindern, die eingeschult werden, erreichen nur vier Kinder die vierte Klasse. Sie brauchen oft bis zu 15 Jahre, um die siebenjährige Grundschule abzuschließen.

Gründe für die schlechte Bildungssituation in Guatemala gibt es viele: Die Hälfte der Bevölkerung auf dem Land spricht eine der 21 Maya-Sprachen. In der Schule wird jedoch nur die Amtssprache Spanisch gesprochen, für die meisten Mädchen und Jungen eine Fremdsprache. Schulgebäude und deren Ausstattungen sind schlecht. Anfallende Kosten für Schulgebühren, Schuluniformen und Schulmaterialien müssen die Familien selber tragen.

Mit neuen Schulbüchern macht das Lernen viel mehr Spaß.

Guatemala liegt in Lateinamerika, im Süden der Halbinsel Yucatán. Der Name bedeutet soviel wie „Erde der Bäume".

Plan unterstützt an 400 Schulen in Baja Verapaz ein lebensnahes Bildungsprogramm. Durch ein flexibles Schulmodell können die Jungen und Mädchen ihre Lerninhalte und ihre Lerngeschwindigkeit selbst bestimmen. Schulen werden neu gebaut oder renoviert. Dazu gehört auch, dass die Klassenzimmer eine neue Einrichtung erhalten. Lehrpläne werden überarbeitet, damit sie auf die kulturellen Rahmenbedingungen der Mädchen und Jungen eingehen.

In Fortbildungen lernen Lehrerinnen und Lehrer, auf den kulturellen Hintergrund ihrer indigenen Schülerinnen und Schüler besser einzugehen. Weiterhin fördert Plan, dass sich Eltern in Bildungskomitees organisieren. Dort erfahren sie zum Beispiel, wie ihre Kinder gesünder aufwachsen können und welche Bedeutung Kinderrechte haben.

Neben Einzelpersonen können auch Schulklassen Patenschaften bei Plan International übernehmen oder für das Schulprogramm in Guatemala spenden.

Beliebte Spiele in Guatemala

Murmeln

Mit Murmeln spielen vor allem Jungen. Sie bilden zu dritt Gruppen, die dann gegeneinander antreten. Es werden drei Kuhlen im Abstand von etwa 10 cm zueinander in den Boden gegraben. Der Boden darum herum wird geglättet. Von einer etwa zwei Meter entfernten Linie werden die Murmeln in die Kuhlen geworfen. Jede Gruppe hat drei Würfe, bei denen in jeder Kuhle eine Murmel landen muss.

Wenn die Gruppen mit jeweils verschiedenen Murmeln (z. B. verschiedene Farben) spielen, kann noch eine weitere Regel hinzugefügt werden: Während eine Mannschaft spielt, wird sie von einer anderen "attackiert", indem die Murmeln beworfen und damit abgelenkt werden.

Es gewinnt, wer in alle Kuhlen eine Murmel bekommen hat. Sollten zwei Mannschaften es schaffen, treten sie noch einmal gegeneinander an.

Besonders bei Jungen ist das Spiel mit Murmeln beliebt.

Kreiseln

Die Kreisel werden von den Kindern selbst hergestellt. Sie sind etwa so groß wie ein Hühnerei und aus Holz geschnitzt. Meistens haben die Kreisel die Form eines Ballons. Am oberen Ende wird eine Rinne eingeschnitzt, am unteren wird ein Nagel mit der Spitze nach unten befestigt.

Dann wird ein Band von etwa 1,50 m Länge benötigt. Zur Hälfte wird es um die Rinne gewickelt, die andere Hälfte wird fest um einen Zeigefinger gerollt. Dann wird der Kreisel mit Schwung zum Boden geworfen, so dass sich das Band abwickelt und der Kreisel am Boden tanzt.

Besonders viel Spaß macht es, gleichzeitig zu dritt zu werfen. Der, dessen Kreisel sich am längsten dreht, gewinnt.

IMPRESSUM

FÜR DIE UMSETZUNG DER KREATIVPROJEKTE DANKEN WIR DEN GRUNDSCHULKINDERN:

Luna Bauer, Leonie Bauknecht, Hanna Bessler, Sara Bergold, Cristina Czysch Lopez, Ann-Katrin Fietz, Nadine Friesen, Lena Frühwacht, Olesja Graf, Stella Greve, Leonia Krieger, Corinna Kurz, Julia Leinmüller, Jakob Mack, Nathalie Messner, Pascale Messner, Natalie Mück, Monique Müller, Annika Nedvidek, Lara-Maxi Prosch, Sara Rapp, Fabienne Röhlig, Anna-Rosa Ruschek, Hannah Schimmack, Cornelia Spenninger, Luana Stupello, Bianca Svoboda und Tim Waldmann,

DEN SCHÜLERN DER 2. KLASSE DER GRUNDSCHULE LUITPOLD-SCHULE IN KAISERSLAUTERN:

Georg Armborst, Cedric Balling, Johannes Braun, Celine Di Dio, Marianna Dombaxi, Jacqueline Heiner, Johannes-Sebastian Henn, Dalia Kandil, Victoria Kiepke, Fanta Kora, Fabio La Spina, Denis Leer, Philipp Lenz, Samy-Alex Mbarek, Maria Roeder, Maria-Lisa Somma und Pei-Pei Vu,

DEN SCHÜLERN DER 3. KLASSE DER GRUNDSCHULE KOTTEN-SCHULE IN KAISERSLAUTERN:

Daniel Agapov, Denis Agapov, Gent Avdyli, Danny Berg, Jehona Berisha, Juliana Carneiro, Kevin Dominquez, Marco Druck, Metin Gödeoglan, Eileen Haab, Vladislav Kimmel, Tammy Klein, Daniel Afonso Kraska, Fabian Kuhn, Joanna Pischel, Büsra Öztürk, Nicole Ojukwu, Christopher Speer, Sarah Weinert und Nelli Wirschke,

SOWIE DEN SCHÜLERN DER MITTELSCHULE ST. MARTIN IN THUN, SÜDTIROL.
AUSSERDEM BEDANKEN WIR UNS FÜR DAS ENTWICKELN UND UMSETZEN WEITERER KREATIVPROJEKTE BEI:

Katja Bayer (101, 109-111), Inge Bette, Daniel Hikel, Elke Müller, Heiko Tuttas (92, 118/119), Petra Dechêne (100), Dorothee Krug (90/91), Rena Cornelia Lange (10), Sabine Marx-Koch (124-127), Mareen Pries (25, 34/35, 59, 62/63, 67, 106/107, 145, 147-149), Iris Reichmann und Isabelle Scharfschwerdt (153), Martha Riedl (128, 130/131), Gudrun Thiele (32/33, 93-95), Inge Walz (122), Tanja Wechs (104/105, 112-117, 120/121).

Die Pferde auf Seite 143 basieren auf einer Vorlage von Katharina Zechlin, die Bonbonfiguren (Seite 19) und die Fische (Seite 39) auf Ideen von Ingrid Wurst, die Theaterpuppen (Seite 87-89) sind nach einer Idee und unter der Leitung von Pia Pedevilla entstanden.

Herzlichen Dank auch an Tina Becker, Henriette Bergold, Alexandra Fietz, Carmen Hardock, Sabine Jedlitschky, Rena Cornelia Lange, Elina Müller und Carmen Schütterle für das Vorbereiten und Durchführen der Bastelnachmittage.

Die Geschichten und Erzählungen, Wissenstexte, Gedichte und Rätsel haben geschrieben: Katja Bayer (100, 108), Ralf Davids (150), Katrin Gerweck (142), Rena Cornelia Lange (10, 14/15, 20, 22, 25, 34, 36/37, 42/43, 46, 52/53, 60, 62, 64, 66, 68, 74/75, 78/79, 84,122, 144/145, 148), Susanne Pypke (18, 30/31, 48/49, 70, 86, 90), Monique Rahner (8, 12, 40, 58, 82, 92 (nach einer Idee von Katharina Zechlin), 93, 95, 96, 106, 118, 124, 128, 134, 138/139, 152), Tanja Wechs (102/103, 112, 116, 120).

Die Lernziele haben Tanja Wechs, Grundschullehrerin (104/105, 112-117, 120/121), und Rena Cornelia Lange, Kunstpädagogin (alle anderen), definiert.

Der Abdruck des Gedichtes „Kleine Katzen" (Seite 64) erfolgt mit freundlicher Genehmigung des Carlson Verlages.
Aus: James Krüss „James' Tierleben" © Carlsen Verlag GmbH, Hamburg 2003.

ILLUSTRATIONEN: frechverlag GmbH, 70499 Stuttgart; Alexey Bannykh©www.fotolia.de (49, 51), Katja Bayer (100), Maria Klausner/Anita Pfeifer (113), Ursula Kühnemann (92, 135), Sabine Marx-Koch (126/127), Pia Pedevilla(Titelseite, 1, 31, 58), Jenny Solomon©www.fotolia.de (138), Martha Riedl (129), Heiko Tuttas (119), Vladimir Trubitsin©www.fotolia.de (66), Inge Walz (123), www.digitalstock.de (8 oben, 85)

FOTOS: frechverlag GmbH, 70499 Stuttgart; Fotostudio Ullrich & Co. (alle Modelle, Arbeitsschritt- und Kinderfotos bis auf die ausgewiesenen Ausnahmen),

©www.fotolia.de: Marion Albers (103 unten), Tony Campbell (64), Philippe Devanne (81 unten), Ulrich Duda (96), Miles Forrest (82 unten), FotoWorx (40), Annett Goebel (Blätter 30/31), Kelly Kane (48), Diane Keys (122), Herbert Kratky (82 oben), Brian Lambert (81 oben), Paul Morley (144), Bianca Thomas (102), Ke Wang (80), Nadja Wintsche (103 oben)

ColArt Deutschland GmbH, Maintal (22), Fondation Pierre Gianadda, Martigny (14), Daniela Kofler, Foto-Rapid, Bruneck (Seite 87-89), Rena Cornelia Lange (11 oben, 52, 60, 68), panthermedia.net/Jan-Dirk H. (24), panthermedia.net/Karl-Heiz R. (49), www.digitalstock.de (12, 36, 84, 86, 108).

KONZEPT: Melanie Zimmermann, Monique Rahner
PROJEKT-MANAGEMENT UND LEKTORAT: Monique Rahner
ENTWURF TITELSEITE/LAYOUT: Petra Theilfarth
AUFBAU UND GESTALTUNG: Katrin Röhlig
DRUCK UND BINDUNG: DELO-Tiskarna d.d., Ljubljana

Wir danken den Firmen Coats GmbH (Kenzingen), ColArt Deutschland GmbH (Maintal), Hobbygross Erler GmbH (Rohrbach), KnorrPrandell GmbH (Lichtenfels), C.Kreul GmbH & Co. KG (Hallerndorf) und Rayher Hobby GmbH (Laupheim) für die freundliche Unterstützung.

HILFESTELLUNG ZU ALLEN FRAGEN, DIE MATERIALIEN UND BASTELBÜCHER BETREFFEN: FRAU ERIKA NOLL BERÄT SIE.
RUFEN SIE AN: 05052/911858*   *normale Telefongebühren

Materialangaben und Arbeitshinweise in diesem Buch wurden von den Autoren und den Mitarbeitern des Verlags sorgfältig geprüft. Eine Garantie wird jedoch nicht übernommen. Autoren und Verlag können für eventuell auftretende Fehler oder Schäden nicht haftbar gemacht werden. Das Werk und die darin gezeigten Modelle sind urheberrechtlich geschützt. Die Vervielfältigung und Verbreitung ist, außer für private, nicht kommerzielle Zwecke, untersagt und wird zivil- und strafrechtlich verfolgt. Dies gilt insbesondere für eine Verbreitung des Werkes durch Fotokopien, Film, Funk und Fernsehen, elektronische Medien und Internet sowie für eine gewerbliche Nutzung der gezeigten Modelle. Bei Verwendung im Unterricht und in Kursen ist auf dieses Buch hinzuweisen.

Auflage: 5.   4.   3.   2.   1.
Jahr: 2011   2010   2009   2008   2007   [Letzte Zahlen maßgebend]

© 2007 frechverlag GmbH, 70499 Stuttgart

ISBN 978-3-7724-5048-8
Best.-Nr. 5048